I0566871

BESTACTIVITYBOOKS.COM

PRIMEIRA EDIÇÃO - 2022

Ilustración gráfica adicional: www.freepik.com
Graças a Alekksall, Starline, Pch.vector, Rawpixel.com, Vectorpocket, Dgim-studio, Upklyak, Macrovector, Stockgiu, Pikisuperstar & Freepik.com Designers

Descobrir Jogos Online Grátis

Disponível Aqui:

BestActivityBooks.com/FREEGAMES

5 DICAS PARA COMEÇAR

1) CÓMO RESOLVER LAS SOPA DE LETRAS

Os puzzles têm um formato clássico:

- As palavras estão escondidas sem espaços ou hífenes,...
- Orientação: As palavras podem ser escritas para a frente, para trás, para cima, para baixo ou na diagonal (podem ser invertidas).
- As palavras podem sobrepor-se ou intersectar-se.

2) APRENDIZAGEM ACTIVA

Ao lado de cada palavra há um espaço para anotar a tradução. Para encorajar a aprendizagem activa, um **DICIONÁRIO** no final desta edição permitir-lhe-á verificar e expandir os seus conhecimentos. Procure e anote as traduções, encontre-as no puzzle e adicione-as ao seu vocabulário!

3) MARCAR AS PALAVRAS

Pode inventar o seu próprio sistema de marcação - talvez já use um? Pode também, por exemplo, marcar palavras difíceis de encontrar com uma cruz, palavras favoritas com uma estrela, palavras novas com um triângulo, palavras raras com um diamante, e assim por diante.

4) ESTRUTURANDO A APRENDIZAGEM

Esta edição oferece um **CADERNO DE NOTAS** prático no final do livro. Nas férias, em viagem ou em casa, pode facilmente organizar os seus novos conhecimentos sem a necessidade de um segundo caderno!

5) JÁ TERMINOU TODAS AS GRELHAS?

Nas últimas páginas deste livro, na secção **DESAFIO FINAL**, encontrará um jogo gratuito!

Rápido e fácil! Consulte a nossa colecção de livros de actividades para o seu próximo momento de diversão e **aprendizagem**, a apenas um clique de distância!

Encontre o seu próximo desafio em:

BestActivityBooks.com/MeuProximoLivro

Aos vossos lugares, preparem-se...Vão!

Sabia que existem cerca de 7.000 línguas diferentes no mundo? As palavras são preciosas.

Adoramos línguas e temos trabalhado arduamente para criar livros da mais alta qualidade para si. Os nossos ingredientes?

Uma selecção de tópicos adequados à aprendizagem, três boas porções de entretenimento, e depois acrescentamos uma colherada de palavras difíceis e uma pitada de palavras raras. Servimo-los com amor e máximo divertimento, para que possa resolver os melhores jogos de palavras e se divirta a aprender!

A sua opinião é essencial. Pode participar activamente no sucesso deste livro, deixando-nos um comentário. Gostaríamos de saber o que mais lhe agradou nesta edição.

Aqui está um link rápido para a sua página de encomendas:

BestBooksActivity.com/Avaliacoes50

Obrigado pela vossa ajuda e divirtam-se!

A Equipa Inteira

1 - Dirigindo

P	J	M	A	G	B	R	E	M	S	U	R	Q	T	L	R
S	B	Ó	N	U	A	D	Þ	V	D	N	B	H	C	Ö	M
X	A	T	T	Æ	H	N	N	Đ	Z	Đ	T	M	Đ	G	V
Đ	G	O	R	V	R	U	G	N	Ö	G	M	A	S	R	I
B	A	R	O	A	H	D	S	A	T	A	G	G	Þ	E	W
T	Đ	U	K	R	Y	Q	T	Y	N	S	Q	Z	G	G	X
L	R	V	T	Ú	S	R	V	O	H	D	Đ	I	Þ	L	O
O	E	D	S	Đ	I	L	E	U	Y	F	I	D	U	A	Z
I	F	Y	E	L	T	P	G	N	Ö	G	G	J	F	N	Q
N	M	T	Y	E	Y	B	U	P	Đ	H	G	P	T	B	B
G	U	X	A	J	E	S	R	Y	V	J	Y	L	V	N	Í
H	T	R	A	U	N	Q	S	M	G	K	R	Đ	M	A	L
B	A	C	J	R	S	L	E	D	H	R	Ö	Đ	Þ	I	S
B	Í	M	T	I	D	Z	S	Þ	U	B	B	V	L	V	K
K	O	L	O	I	L	Ó	J	H	R	O	T	Ó	M	K	Ú
I	S	N	L	L	E	Z	M	E	W	P	N	Y	Þ	A	R

SLYS
BÍLL
ELDSNEYTI
VARÚÐ
VEGUR
BREMSUR
BÍLSKÚR
GAS
LEYFI
KORT
MÓTORHJÓL
MÓTOR
GANGANDI
HÆTTA
LÖGREGLAN
GATA
ÖRYGGI
SAMGÖNGUR
UMFERÐ
GÖNG

2 - Antiguidades

S	O	D	N	Y	M	G	G	Ö	H	X	U	Þ	Ó	S	R
W	T	F	E	T	G	L	R	F	J	P	P	Þ	V	W	H
V	S	Í	Þ	Z	Þ	Æ	A	Q	E	F	P	Z	E	G	P
R	I	V	L	O	W	S	G	T	Í	O	B	V	N	A	J
Þ	L	I	E	Z	X	I	N	N	R	V	O	D	J	M	E
O	T	R	F	V	Q	L	I	Y	E	I	Ð	K	U	A	N
T	Y	Ð	Q	T	T	E	T	M	L	R	Ð	A	L	L	D
S	Ö	I	J	Þ	H	G	Y	X	L	S	T	I	E	L	U
B	L	B	Z	N	Þ	U	E	G	A	T	E	W	G	C	R
Þ	D	Q	Q	W	T	R	R	L	G	E	Þ	Z	T	T	R
D	M	B	Q	Y	C	L	K	L	V	Z	Q	N	E	G	E
V	E	K	T	A	X	F	S	V	T	L	Ð	M	Q	Æ	I
C	E	F	Á	H	U	G	A	M	A	Ð	U	R	I	Ð	S
S	A	R	F	J	Á	R	F	E	S	T	I	N	G	I	N
N	E	A	Ð	H	Ú	S	G	Ö	G	N	P	M	P	C	Ð
Þ	H	Z	R	G	C	V	P	A	W	W	G	G	I	Ð	N

LIST
EKTA
SKREYTINGAR
GLÆSILEGUR
ÁHUGAMAÐUR
HÖGGMYND
STÍL
GALLERÍ
ÓVENJULEGT
FJÁRFESTING
ATRIÐI
UPPBOÐ
HÚSGÖGN
MYNT
VERÐ
GÆÐI
ENDURREISN
ÖLD
VIRÐI
GAMALL

3 - Churrascos

G	V	D	B	S	L	E	Þ	A	A	U	B	C	A	C	Ð
H	R	U	G	N	I	L	K	Ú	J	K	B	O	Ð	K	K
Á	I	Æ	D	J	D	V	N	W	L	J	W	T	T	Q	T
D	K	F	N	U	D	Q	V	O	Á	V	E	A	N	A	V
E	I	R	J	M	Ð	K	Q	T	V	M	N	T	Þ	C	U
G	E	U	B	Ö	E	T	W	L	Ö	C	S	B	J	J	G
I	L	G	K	L	L	T	H	K	X	V	A	K	Ö	Z	Ð
S	H	N	Í	F	A	S	I	I	T	Ð	G	V	O	R	X
V	Ð	U	Q	H	B	I	K	I	U	I	R	Ö	E	A	N
E	X	H	O	V	S	L	V	Y	R	G	I	L	S	P	S
R	C	S	Ó	S	A	N	J	W	L	L	L	D	A	I	A
Ð	S	U	M	A	R	Ó	W	L	R	D	L	M	L	P	L
U	I	Y	N	L	C	T	T	I	E	H	A	A	T	V	Ö
R	A	T	A	M	Ó	T	Q	C	H	C	K	T	S	R	T
O	S	A	G	Þ	X	D	Q	H	B	K	V	U	M	G	K
I	V	Þ	K	Þ	Þ	O	P	Þ	Q	Q	V	R	N	D	D

HÁDEGISVERÐUR
BOÐ
BÖRN
HNÍFA
FJÖLSKYLDA
HUNGUR
KJÚKLINGUR
ÁVÖXTUR
GRILL
KVÖLDMATUR
LEIKIR
GRÆNMETI
SÓSA
TÓNLIST
PIPAR
HEITT
SALT
SALÖT
TÓMATAR
SUMAR

4 - Pesca

S	Þ	R	B	Á	T	U	R	B	H	S	I	Ð	Ð	E	R
N	T	V	D	G	H	Ð	U	E	R	R	X	Q	Ð	E	I
Ð	M	Ö	A	N	P	Q	J	I	T	G	N	E	F	H	V
B	B	A	Ð	S	R	A	K	T	B	Y	Ð	C	Ð	L	E
Þ	I	X	S	U	Ð	O	Ý	A	K	L	Á	J	K	V	R
W	O	E	M	Z	V	I	J	M	O	J	B	N	K	Í	R
P	N	L	X	M	I	A	B	D	U	W	Y	Z	R	R	G
K	P	V	I	I	M	K	T	G	O	R	C	H	Ó	W	K
B	J	V	A	N	A	H	Þ	N	K	L	Á	T	K	L	A
W	P	X	L	T	M	Y	S	Y	G	Þ	D	N	U	V	R
I	X	E	T	W	N	Æ	O	Þ	J	Ð	Z	X	R	Ð	F
Z	N	Q	Þ	K	Q	U	Ð	Á	R	S	T	Í	Ð	W	A
O	F	J	A	R	A	G	I	I	E	U	I	K	Z	Q	N
I	A	L	T	L	F	G	F	F	L	R	O	G	U	Y	Ð
J	H	R	N	Þ	F	A	P	Þ	D	P	Y	C	M	F	B
U	R	M	V	Þ	E	R	U	Ð	A	N	Ú	B	A	O	B

VATN
UGGAR
BÁTUR
TÁLKN
KARFA
ELDA
BÚNAÐUR
ÝKJUR
VÍR
KRÓKUR
BEITA
STÖÐUVATN
KJÁLKA
HAF
ÞOLINMÆÐI
ÞYNGD
FJARA
RIVER
ÁRSTÍÐ

5 - Geologia

O	X	Z	R	C	M	Ð	J	V	E	Ð	C	S	E	W	J
P	N	N	O	B	Q	C	S	L	A	K	E	K	L	W	A
B	B	G	F	H	M	L	V	T	Ð	M	Þ	O	D	Þ	R
Ð	Þ	E	N	X	N	V	J	G	F	V	N	Þ	F	K	Ð
H	R	I	N	G	R	Á	S	D	K	V	S	Þ	J	U	S
K	Þ	H	I	L	A	G	S	D	D	Q	S	R	A	V	K
K	A	Q	E	E	S	B	K	Ó	R	A	L	L	L	H	J
R	O	L	T	S	Ý	R	A	D	Z	S	T	U	L	B	Á
I	T	S	S	S	E	T	I	M	G	A	L	A	T	S	L
S	Z	Á	A	Í	C	M	L	K	B	L	M	P	J	R	F
T	C	N	L	O	U	F	L	R	I	T	A	B	Ð	C	T
A	H	W	Ð	F	P	M	E	S	V	Æ	Ð	I	B	O	I
L	Ð	R	J	Þ	U	Þ	H	W	O	E	X	V	Þ	A	C
L	V	M	A	P	R	N	S	T	E	I	N	E	F	N	I
A	J	F	J	U	Y	Y	N	H	Á	L	E	N	D	I	Y
R	K	E	Q	C	N	E	T	I	T	C	A	L	A	T	S

SÝRA
LAG
HELLI
KALSÍUM
HRINGRÁS
ÁLFUNNI
KÓRALL
KRISTALLAR
ROF
STALACTITE
STALAGMITES
HRAUN
STEINEFNI
STEINN
HÁLENDI
KVARS
SALT
JARÐSKJÁLFTI
ELDFJALL
SVÆÐI

6 - Ética

D	N	G	T	L	Z	S	R	A	U	N	S	Æ	I	D	W
J	K	I	D	W	Ð	K	H	E	I	L	I	N	D	I	J
B	Ð	L	Y	P	B	Y	R	L	M	F	A	H	Þ	B	L
Y	F	D	H	J	Q	N	D	M	Q	Q	V	T	R	A	D
V	C	I	Q	K	D	S	I	A	O	Ð	T	N	C	S	F
R	I	K	S	I	V	E	I	N	Ý	S	T	R	A	J	B
E	T	R	Q	V	C	M	W	N	L	P	O	A	Þ	C	O
I	A	O	Ð	T	Q	I	E	K	G	Þ	J	J	O	I	F
S	M	X	E	I	X	Ð	S	Y	M	E	N	G	L	M	Ó
N	O	W	U	S	N	K	L	N	C	I	Q	N	I	B	R
D	L	I	V	Ð	Ó	G	M	I	M	W	Q	N	N	S	N
J	P	K	K	A	L	J	U	Ð	Z	O	C	A	M	A	F
A	I	K	I	E	L	R	A	Ð	I	E	H	S	Æ	M	Ý
Y	D	S	A	M	S	T	A	R	F	T	M	G	Ð	Ú	S
U	M	B	U	R	Ð	A	R	L	Y	N	D	I	I	Ð	I
H	E	I	M	S	P	E	K	I	F	H	D	U	L	B	N

FÓRNFÝSI
GÓÐVILD
SAMÚÐ
SAMSTARF
REISN
DIPLOMATIC
HEIMSPEKI
HEIÐARLEIKI
MANNKYNIÐ
HEILINDI
BJARTSÝNI
ÞOLINMÆÐI
SKYNSEMI
SANNGJARNT
RAUNSÆI
VIRÐINGU
VISKI
UMBURÐARLYNDI
GILDI

7 - Tempo

W	U	E	A	A	B	Q	D	V	Q	M	Y	K	B	R	B
L	G	Y	R	X	Ö	L	D	A	K	K	U	L	K	I	F
L	A	G	E	L	R	Á	Z	N	G	A	D	Í	Q	G	Ð
N	Ó	T	T	N	Æ	U	D	Ú	C	U	Y	Z	R	T	M
F	H	Q	A	M	G	L	X	N	X	R	R	U	Ð	Á	R
R	I	F	Á	G	Í	U	A	U	G	N	A	B	L	I	K
A	C	Q	R	I	A	U	K	Z	L	H	Á	D	E	G	I
M	Á	V	A	B	H	D	M	Á	N	U	Ð	U	R	U	H
T	B	R	T	V	U	Ð	Y	V	O	Y	V	Y	Þ	M	F
Í	J	G	U	V	Z	M	N	T	G	D	W	J	W	H	Ð
Ð	G	X	G	I	B	Í	N	Y	S	I	H	W	B	S	Y
S	J	Y	U	K	D	N	U	T	S	U	K	K	U	L	K
L	I	J	R	A	I	Ú	G	Y	A	N	P	Z	C	D	L
X	T	W	P	N	X	T	R	U	E	Þ	Þ	Ð	J	K	Z
N	B	Y	N	F	R	A	O	B	U	I	H	Þ	T	E	R
R	X	C	Q	N	W	T	M	T	Z	R	A	Þ	C	C	C

NÚNA
ÁR
ÁÐUR
ÁRLEGA
DAGATAL
ÁRATUGUR
DAGUR
FRAMTÍÐ
Í DAG
KLUKKUSTUND

MORGUNN
HÁDEGI
MÁNUÐUR
MÍNÚTA
AUGNABLIK
NÓTT
Í GÆR
KLUKKA
VIKA
ÖLD

8 - Astronomia

G	E	I	S	L	U	N	G	S	U	D	A	N	S	I	R
O	Y	Z	Y	R	B	N	X	A	J	D	O	C	T	V	E
Þ	B	E	Q	U	I	N	O	X	L	H	R	U	J	K	I
Y	A	S	Ð	I	C	I	C	V	W	A	Þ	F	Ö	S	K
N	L	F	E	G	P	M	D	F	Z	D	X	X	R	Ó	I
G	H	F	W	R	Ð	I	I	P	K	M	O	Y	N	L	S
D	E	T	Z	U	V	H	Þ	O	K	K	A	T	U	E	T
A	I	U	U	X	F	A	P	W	E	J	G	G	M	D	J
R	M	N	N	R	C	I	T	E	N	M	I	H	E	E	A
A	U	G	I	Q	L	R	M	O	G	D	M	I	R	M	R
F	R	L	S	V	J	Ö	R	Ð	R	S	O	G	K	H	N
L	K	P	O	R	K	Q	M	B	H	Y	V	X	I	Q	A
G	E	I	M	F	A	R	I	N	R	I	T	S	Á	M	S
Z	L	E	S	B	C	Ð	Y	E	L	D	F	L	A	U	G
T	B	T	O	T	M	J	X	M	Þ	Y	R	Þ	W	G	S
T	Q	H	C	Q	R	L	O	F	T	S	T	E	I	N	C

SMÁSTIRNI
GEIMFARI
HIMNETI
HIMINN
STJÖRNUMERKI
COSMOS
MYRKVI
EQUINOX
ELDFLAUG
GALAXY

ÞYNGDARAFL
TUNGL
LOFTSTEIN
ÞOKKA
OBSERVATORY
REIKISTJARNA
GEISLUN
SÓL
JÖRÐ
ALHEIMUR

9 - Acampamento

Y	K	F	N	H	Þ	R	J	S	T	C	M	Þ	E	T	V
B	W	J	T	X	B	U	D	W	K	K	V	A	L	A	U
D	N	A	R	Ú	T	T	Á	N	Þ	U	D	D	D	Y	R
F	H	L	G	N	U	T	E	E	W	E	H	E	U	O	Ð
R	Ð	L	M	X	J	A	K	P	C	F	P	G	R	Y	U
D	R	C	R	K	O	H	O	H	E	N	G	I	R	Ú	M
Þ	G	H	Q	N	K	E	R	Ý	D	R	O	K	S	M	Y
X	Q	H	V	U	A	N	T	A	V	U	Ð	Ö	T	S	C
W	I	W	O	T	I	B	R	E	I	P	I	O	Þ	I	S
Á	T	T	A	V	I	T	A	U	V	W	J	S	X	J	É
Y	U	Ð	F	V	T	X	N	K	Ð	S	K	Ó	G	U	R
J	S	C	E	R	E	J	V	Þ	A	A	Ó	L	Z	A	T
Y	N	O	L	K	E	I	A	Y	P	O	N	U	N	R	U
D	Ý	R	K	E	H	M	Ð	L	M	I	A	Ú	N	D	V
Æ	V	I	N	T	Ý	R	I	A	D	I	K	V	B	B	W
P	A	E	Z	B	I	D	L	L	Þ	M	R	F	P	Q	Z

DÝR
ÆVINTÝRI
TRÉ
ÁTTAVITA
KLEFA
VEIÐA
KANÓ
HATTUR
REIPI
BÚNAÐUR

SKÓGUR
ELDUR
SKORDÝR
STÖÐUVATN
TUNGL
HENGIRÚM
KORT
FJALL
NÁTTÚRAN
TJALD

10 - Emoções

C	P	K	V	E	G	V	U	W	E	W	Đ	D	C	Y	Q
K	H	Þ	W	D	B	Q	E	A	H	L	T	L	E	E	R
Þ	W	F	X	I	Z	R	E	R	Q	C	N	I	Y	X	O
B	A	Þ	D	P	O	P	T	X	E	R	R	V	Z	W	E
O	Y	K	E	F	N	I	G	R	O	S	I	Đ	E	L	G
O	M	P	K	A	A	X	Æ	H	A	D	D	Ó	O	U	X
B	E	X	R	L	F	A	N	N	R	G	N	G	L	F	I
I	L	G	U	Á	Á	S	L	J	Y	Y	I	Þ	I	Ó	R
L	V	Þ	G	S	S	T	L	F	R	I	Đ	U	R	T	R
S	O	L	S	T	Đ	Z	U	A	H	S	I	A	U	T	R
M	W	G	W	S	L	Z	F	R	P	O	E	X	X	I	O
Y	Đ	W	N	Þ	C	S	Æ	L	A	P	L	K	P	U	O
E	Þ	S	A	M	Ú	Đ	P	Þ	Y	K	A	J	C	B	Y
O	C	K	S	P	E	N	N	T	N	I	M	Đ	D	H	Y
V	A	N	D	R	Æ	Đ	A	L	E	G	U	R	U	P	B
R	U	W	J	N	Q	Đ	L	E	R	E	I	Đ	I	R	U

GLEÐI
ÁST
SPENNT
SÆLA
GÓÐVILD
LOGN
EFNI
VANDRÆÐALEGUR
ÞAKKLÁTUR
ÓTTI
FRIÐUR
REIÐI
AFSLAPPAÐUR
FULLNÆGT
SAMÚÐ
EYMSLI
LEIÐINDI
RÓ
SORG

11 - Ficção Científica

L	L	Q	H	D	X	G	D	V	H	Q	Q	H	S	G	R
O	Y	L	Y	T	I	O	H	Y	É	M	W	Q	I	A	A
T	B	L	E	K	K	I	N	G	S	F	T	B	T	L	U
U	I	D	K	E	K	N	U	X	B	T	R	E	V	A	N
K	B	B	U	Þ	R	K	M	Þ	T	F	Ó	É	T	X	H
E	F	C	Q	V	I	Æ	T	N	F	Q	Þ	P	T	Y	Æ
R	Æ	B	Á	R	F	T	D	Þ	F	J	B	K	Í	T	F
F	S	E	X	T	R	E	M	E	Ð	G	O	O	U	A	T
I	E	P	Ú	T	Ó	P	Í	A	H	E	I	M	U	R	O
N	L	F	R	K	V	I	K	M	Y	N	D	A	H	Ú	S
U	D	J	U	E	D	U	L	A	R	F	U	L	L	U	R
N	U	A	K	Y	N	Í	M	Y	N	D	A	Ð	H	Ð	T
P	R	R	Æ	Ð	Y	G	T	X	L	Y	G	T	L	R	Ð
W	S	L	B	T	X	U	I	N	N	E	M	L	É	V	G
I	K	Æ	M	W	Z	R	N	N	H	C	Y	X	P	E	U
B	V	G	S	M	E	L	Y	T	G	I	P	Y	Y	T	Ð

LOTUKERFINU
KVIKMYNDAHÚS
FJARLÆG
DYSTÓPÍA
SPRENGING
EXTREME
FRÁBÆR
ELDUR
GALAXY
BLEKKING
ÍMYNDAÐ
BÆKUR
DULARFULLUR
HEIMUR
VÉFRÉTT
RAUNHÆFT
VÉLMENNI
TÆKNI
ÚTÓPÍA

12 - Mitologia

S	T	R	Í	Đ	S	M	A	Đ	U	R	Đ	Đ	N	M	V
Z	A	Z	Q	X	Q	B	O	J	X	G	R	T	E	O	Ö
G	Z	W	H	I	D	E	P	Y	T	E	K	R	A	S	L
S	V	J	R	F	D	W	Y	L	B	E	V	V	V	K	U
M	K	G	N	G	W	E	R	Þ	H	I	H	Q	P	E	N
W	H	R	Đ	N	L	R	Þ	K	L	D	P	E	C	P	D
S	E	U	Í	U	T	P	M	B	T	N	E	D	Ö	N	A
K	G	K	C	M	Þ	J	Ó	Đ	S	A	G	A	F	A	R
Ö	Đ	R	E	R	S	J	V	X	L	R	E	I	U	X	H
P	U	Y	O	Ö	M	L	U	Y	U	F	L	X	N	F	Ú
U	N	T	U	H	L	E	I	E	A	Ö	Đ	O	D	K	S
N	M	S	T	D	V	R	N	F	K	T	U	O	N	F	N
E	L	D	I	N	G	H	Þ	N	V	F	A	X	F	R	F
Þ	R	U	M	U	R	P	R	Þ	I	D	D	J	E	W	L
S	I	G	U	R	S	Æ	L	L	Q	N	I	S	H	T	Y
Ó	D	A	U	Đ	L	E	I	K	A	N	G	V	S	M	T

ARKETYPE
ÖFUND
HEGÐUN
SKÖPUN
SKEPNA
MENNING
HÖRMUNG
STYRKUR
STRÍÐSMAÐUR
HETJA
ÓDAUÐLEIKA
VÖLUNDARHÚS
ÞJÓÐSAGA
TÖFRANDI
SKRÍMSLI
DAUÐLEG
ELDING
SIGURSÆLL
ÞRUMUR
HEFND

13 - Medições

S	R	V	D	G	N	E	L	D	P	P	Q	S	Þ	R	Q
S	L	I	Ý	Þ	X	O	V	A	W	B	L	Þ	R	Þ	X
O	Þ	Đ	P	R	V	U	M	H	O	H	R	J	W	M	M
M	A	R	T	E	M	Ó	L	Í	K	A	B	Đ	Y	S	J
Þ	A	I	Q	I	B	L	E	W	O	Z	Æ	E	Q	Þ	X
Q	T	L	T	F	R	Í	A	K	K	J	T	E	B	G	R
Q	G	Æ	M	T	S	K	L	J	U	I	I	H	M	V	Đ
G	Đ	M	H	Y	O	I	N	M	L	D	D	I	E	R	B
M	R	S	K	S	N	N	F	Í	Í	G	T	Đ	M	R	S
Z	E	Á	N	S	F	D	H	N	T	N	R	Ú	N	S	A
H	O	S	Đ	C	H	Æ	Đ	Ú	R	Y	M	A	U	S	J
F	A	T	S	A	K	U	A	T	I	Þ	X	B	M	X	F
O	V	P	L	I	H	Đ	Y	A	R	Z	H	M	M	M	T
L	A	J	C	L	G	D	J	L	Y	X	N	N	O	T	V
S	E	N	T	I	M	E	T	R	T	V	T	O	T	Z	C
F	M	E	V	M	Đ	F	Y	I	Þ	B	I	N	D	I	G

HÆÐ
BÆTI
SENTIMETR
LENGD
AUKASTAF
GRAMM
GRÁÐA
BREIDD
LÍTRI
MESSI

MÆLIR
MÍNÚTA
ÚNSA
ÞYNGD
TOMMU
DÝPT
KÍLÓ
KÍLÓMETRA
TONN
BINDI

14 - Álgebra

F	F	Y	L	Z	D	S	Z	L	B	Þ	V	X	N	P	J
S	R	Y	F	A	Q	V	T	L	A	F	A	N	F	A	J
K	D	Á	L	J	B	I	E	N	Đ	N	N	A	G	Þ	R
Ý	G	D	D	K	A	G	W	R	R	N	D	W	H	L	F
R	E	R	V	R	I	A	G	E	L	N	A	D	N	E	Ó
I	L	I	Z	S	Á	H	R	M	L	R	M	M	A	G	N
N	U	S	N	L	Y	T	K	Ú	Ú	U	Á	S	P	H	O
G	N	Í	Y	F	L	O	T	N	N	T	L	X	T	X	J
A	Í	V	J	Z	A	B	P	U	S	U	M	M	A	H	A
R	L	S	Y	K	T	L	Z	B	R	L	A	U	S	N	V
M	F	I	U	S	Y	B	D	E	U	J	I	Þ	G	N	W
Y	Đ	D	M	I	E	S	E	A	T	O	R	B	G	E	B
N	A	L	Ú	M	R	O	F	Y	T	A	O	O	B	S	F
D	M	E	P	T	B	Z	Z	F	Á	R	A	N	G	T	P
P	Þ	V	N	K	B	S	W	B	Þ	D	Đ	I	A	Þ	M
U	Q	W	I	O	T	T	P	X	X	P	A	P	C	E	G

SKÝRINGARMYND
JAFNA
VELDISVÍSIR
RANGT
ÞÁTTUR
FORMÚLA
BROT
ÓENDANLEGA
LÍNULEG
FYLKI
NÚMER
SVIGA
VANDAMÁL
MAGN
EINFALDA
LAUSN
SUMMA
FRÁDRÁTTUR
BREYTA
NÚLL

15 - Plantas

Q	B	H	O	O	M	T	H	N	H	U	V	C	V	R	Y
K	J	A	L	D	L	N	X	N	B	H	P	Y	E	Q	O
C	N	U	U	R	Ó	T	Z	N	R	U	Đ	Ó	R	G	R
P	G	O	R	N	B	D	C	Þ	U	Đ	I	V	Y	N	G
Z	Đ	J	E	T	A	Þ	P	Þ	Đ	N	N	W	S	T	R
M	D	Þ	B	F	M	M	R	T	R	É	B	C	S	E	A
G	S	I	P	W	B	H	I	A	A	R	G	B	C	F	S
T	S	N	W	C	U	S	K	Ó	G	U	R	Y	B	F	A
W	P	B	B	U	S	S	W	C	D	E	R	X	B	O	F
H	B	T	I	B	E	O	K	X	C	Q	H	L	B	L	R
N	T	K	F	C	A	M	Þ	P	U	O	Đ	Q	A	D	Æ
N	C	Đ	A	L	B	U	N	Ó	R	K	Þ	D	Q	R	Đ
X	B	Þ	Z	Q	O	K	Đ	F	O	M	Ó	L	B	I	I
K	A	K	T	U	S	R	B	M	Đ	S	X	H	U	P	J
Á	B	U	R	Đ	U	R	A	T	J	G	I	K	S	O	W
G	R	A	S	Q	K	D	C	W	Z	K	D	S	H	H	W

BUSH
TRÉ
BER
BAMBUS
GRASAFRÆÐI
KAKTUS
JURT
BAUN
ÁBURÐUR
BLÓM
FLORA
SKÓGUR
SM
GRAS
IVY
GARÐUR
MOSS
KRÓNUBLAÐ
RÓT
GRÓÐUR

16 - Veículos

C	O	Q	W	X	L	N	X	O	U	P	Þ	Þ	U	Y	S
J	T	F	M	R	Đ	X	U	N	R	D	D	C	W	L	J
W	M	Ó	T	O	R	J	H	A	B	O	P	C	E	G	Ú
Z	O	V	W	E	J	F	C	K	F	A	U	M	M	O	K
I	X	A	T	V	T	Þ	G	C	H	R	A	C	Đ	P	R
K	S	A	V	E	S	P	U	T	Ú	R	V	D	C	O	A
E	A	J	R	E	F	L	A	E	A	O	R	A	D	B	B
L	L	F	I	S	Ý	H	L	Ó	J	H	X	F	N	Á	Í
F	T	X	B	X	B	G	F	Þ	Y	R	L	A	Þ	T	L
Đ	U	J	E	Á	X	V	D	S	B	U	Z	Z	W	U	L
S	K	K	E	D	T	F	L	B	Q	Þ	Đ	C	Q	R	J
V	S	E	K	W	A	U	E	Í	Y	Đ	E	N	G	C	V
F	G	G	U	I	M	U	R	L	É	V	G	U	L	F	Đ
V	Ö	R	U	B	Í	L	L	L	W	K	N	G	E	M	E
R	E	I	Đ	H	J	Ó	L	H	L	K	M	Z	W	L	G
D	R	Á	T	T	A	R	V	É	L	H	K	Đ	V	Đ	B

SJÚKRABÍLL
FLUGVÉL
FERJA
BÁTUR
REIÐHJÓL
VÖRUBÍLL
HJÓLHÝSI
BÍLL
ELDFLAUG
VAN
ÞYRLA
FLEKI
VESPU
MÓTOR
RÚTU
DEKK
KAFBÁTUR
TAXI
SKUTLA
DRÁTTARVÉL

17 - Engenharia

C	J	A	B	D	A	S	S	T	E	B	A	X	R	D	L
T	X	J	I	R	O	B	T	I	Þ	Y	H	G	V	C	U
P	W	V	P	E	P	E	Ö	O	Q	G	N	I	N	Ú	N
Ý	N	Þ	Y	I	D	F	Ð	B	H	G	O	R	K	A	G
D	O	N	Q	F	X	T	U	T	C	I	B	U	L	J	E
F	Í	O	B	I	E	V	G	E	T	N	D	K	N	Ý	M
S	S	S	S	N	U	Z	L	V	T	G	Ð	R	B	N	Ð
B	M	M	E	G	V	E	E	L	Q	V	Ð	Y	F	K	T
F	D	Í	I	L	J	N	I	E	F	É	V	T	K	X	Þ
Ð	Ð	J	Ð	U	I	I	K	A	L	L	Q	S	O	V	Q
R	L	M	Þ	I	Z	F	I	D	N	A	T	Ó	J	L	F
D	Ð	H	Á	B	F	Z	O	P	A	Ð	E	A	A	Z	M
I	D	I	Z	L	Á	M	R	E	V	Þ	L	N	H	A	Ó
S	K	Ý	R	I	N	G	A	R	M	Y	N	D	D	U	T
Ú	T	R	E	I	K	N	I	N	G	Þ	Þ	M	F	L	O
H	O	R	N	M	Æ	L	I	N	G	W	Þ	H	Á	S	R

NÚNING
HORN
ÚTREIKNING
SMÍÐI
SKÝRINGARMYND
ÞVERMÁL
DÍSEL
MÁL
DREIFING
ÁS
ORKA
STÖÐUGLEIKI
BYGGING
STYRKUR
FLJÓTANDI
VÉL
MÆLING
MÓTOR
DÝPT
KNÝJA

18 - Restaurante # 2

Þ	P	E	S	K	P	J	B	Q	U	C	S	J	V	J	L
C	B	Q	Í	T	V	E	X	A	S	A	A	K	A	K	P
S	A	X	Ð	M	Ó	Ö	Y	V	S	C	L	A	U	C	F
Þ	J	Ó	N	N	N	L	L	A	F	F	A	G	C	Þ	N
G	R	Æ	N	M	E	T	I	D	H	J	T	V	A	T	N
Þ	Ð	R	Ð	S	T	K	B	D	M	Z	L	M	P	C	I
Q	I	T	I	A	C	W	H	E	U	A	H	M	Ú	P	Y
F	J	Y	V	L	Y	P	C	Ð	Y	H	T	M	S	K	D
V	F	N	Y	T	N	V	Z	S	D	Y	R	U	Z	R	R
H	Á	D	E	G	I	S	V	E	R	Ð	U	R	R	Y	Y
N	F	O	R	R	É	T	T	U	R	Y	K	Z	X	D	K
C	Ú	S	K	E	I	Ð	T	V	Q	K	S	C	Þ	D	K
Y	Y	Ð	S	G	X	Z	Q	P	V	O	I	A	F	O	U
V	T	O	L	O	N	Y	H	Q	Ð	V	F	F	F	U	R
N	Þ	L	X	U	L	J	Ú	F	F	E	N	G	U	R	E
S	G	F	D	I	R	U	T	X	Ö	V	Á	P	I	A	I

HÁDEGISVERÐUR
FORRÉTTUR
VATN
DRYKKUR
KAKA
STÓL
SKEIÐ
LJÚFFENGUR
KRYDD
ÁVÖXTUR
ÞJÓNN
GAFFAL
ÍS
KVÖLDMATUR
GRÆNMETI
NÚÐLUR
FISKUR
SALT
SALAT
SÚPA

19 - Países #2

L	P	N	G	R	P	J	F	H	T	U	P	Đ	I	Ú	R
G	W	L	A	P	E	N	F	U	N	E	A	F	N	G	B
J	B	A	A	N	Í	A	R	K	Ú	X	K	R	D	A	H
V	W	C	M	O	X	Þ	U	K	S	H	I	A	Ó	N	Q
G	L	I	E	G	S	H	G	J	R	M	S	K	N	D	R
W	Z	L	B	Q	H	J	G	K	Z	E	T	K	E	A	B
H	A	K	I	Þ	D	A	E	A	G	X	A	L	S	D	Z
K	U	K	V	R	N	K	Í	K	Z	Í	N	A	Í	J	O
D	T	N	A	P	A	J	J	T	I	K	B	N	A	A	S
N	A	O	R	Z	L	M	A	U	Í	Ó	W	D	L	R	Ó
A	Í	N	V	S	S	F	M	A	L	B	A	N	Í	A	M
L	R	A	M	S	S	J	A	S	Ý	R	L	A	N	D	A
R	E	B	M	Ö	Ú	Z	Í	Y	T	K	V	B	K	W	L
Í	G	Í	E	X	R	S	K	F	O	R	Y	Q	T	Y	Í
M	Í	L	G	O	Z	K	A	B	Z	P	U	W	C	K	A
D	N	A	L	K	K	I	R	G	K	S	G	X	Þ	K	M

ALBANÍA
DANMÖRK
FRAKKLAND
GRIKKLAND
HAÍTÍ
INDÓNESÍA
ÍRLAND
JAMAÍKA
JAPAN
LAOS
LÍBANON
MEXÍKÓ
NEPAL
NÍGERÍA
PAKISTAN
RÚSSLAND
SÝRLAND
SÓMALÍA
ÚKRAÍNA
ÚGANDA

20 - Cozinha

S	J	O	F	Q	O	I	V	R	K	T	P	W	Y	U	K
K	V	Z	M	D	E	F	Đ	J	Ö	A	A	T	U	P	E
R	I	A	L	L	O	B	N	I	N	D	G	H	Y	P	T
O	Z	F	M	H	L	L	L	Đ	N	Y	R	T	A	S	I
F	Þ	Í	P	P	A	U	S	A	U	Đ	Y	F	Đ	K	L
G	D	N	O	D	U	Í	S	S	K	Á	P	U	R	R	L
S	R	H	C	D	H	R	A	S	S	D	Đ	Đ	O	I	Á
H	C	I	T	B	T	E	F	V	H	K	A	O	B	F	K
T	D	R	L	P	O	M	K	U	L	L	T	I	Đ	T	S
P	G	N	Đ	L	Y	Z	P	N	S	Z	T	T	A	P	Q
I	P	I	N	N	A	R	K	T	K	J	E	J	C	Þ	Q
K	R	U	K	K	U	D	R	U	E	G	Í	M	Y	N	G
U	Y	V	M	N	F	V	Y	T	I	W	V	W	J	Y	C
P	W	N	T	F	P	J	D	H	Đ	F	R	Y	S	T	I
C	K	T	X	X	R	D	D	P	A	Z	E	K	D	G	Z
L	F	Y	Y	L	A	N	S	Z	R	K	S	V	F	Z	V

SVUNTU
KETILL
SKEIÐAR
AÐ BORÐA
AUSA
BOLLA
KRYDD
SVAMPUR
HNÍFA
OFN
FRYSTI
FORKS
ÍSSKÁPUR
GRILL
SERVÍETTA
KRUKKU
KÖNNU
PINNAR
UPPSKRIFT
SKÁL

21 - Material de Arte

M	F	M	R	S	T	X	N	R	B	P	W	Z	I	Q	A
O	L	Í	A	V	T	L	I	T	I	S	K	Ö	P	U	N
T	Þ	H	T	A	V	R	G	L	Æ	S	L	A	S	T	M
T	E	G	N	T	A	B	O	O	K	L	Ð	L	N	F	Y
V	T	G	A	N	T	Q	U	K	E	L	B	D	R	X	N
S	Ð	P	Ý	L	N	S	S	R	L	Ý	R	K	A	A	D
S	T	Ó	L	Q	S	Ð	P	I	S	E	A	N	G	O	A
A	A	J	B	H	L	U	A	E	L	T	Ð	R	O	B	V
Y	A	X	L	X	I	Q	P	L	A	Í	A	U	Z	H	É
B	L	H	R	U	T	O	P	S	P	S	M	R	R	Þ	L
Z	Þ	Þ	V	U	I	C	Í	J	K	Z	M	M	P	W	K
Ð	X	O	Z	Z	R	H	R	B	T	S	I	G	H	C	T
M	Á	L	N	I	N	G	U	G	Þ	E	Y	X	L	D	C
C	Ð	J	F	U	B	E	U	I	I	Y	Ð	O	B	V	S
Þ	I	W	O	J	P	S	J	Z	V	Y	J	I	B	C	D
P	A	S	T	E	L	L	I	T	I	R	P	M	Z	G	B

AKRÝL
STROKLEÐUR
VATNSLITIR
LEIR
VATN
STÓL
KOL
GLÆSLA
MYNDAVÉL
LÍM
LITI
SKÖPUN
BURSTAR
BLÝANTAR
BORÐ
OLÍA
PAPPÍR
PASTELLITIR
BLEK
MÁLNINGU

22 - Números

Y	Y	Z	R	Þ	A	H	E	A	Q	N	G	H	T	F	Z
B	M	X	Ð	J	F	A	J	U	F	T	Í	N	V	K	K
Á	T	J	Á	N	I	Þ	V	K	Y	C	Í	U	E	Ð	Z
B	Ö	F	P	I	M	H	Ð	A	D	Þ	Q	U	I	E	Z
S	J	N	D	G	M	X	E	S	A	K	D	K	R	B	R
K	S	E	X	T	Á	N	Á	T	T	E	R	Þ	Þ	L	G
F	J	Ó	R	I	R	F	E	A	T	U	T	T	U	G	U
H	S	C	E	P	P	J	E	F	Á	G	R	Q	O	Þ	Z
Q	E	K	M	G	A	Ó	I	L	L	Ú	N	Z	Ð	T	V
F	Y	Y	Y	D	R	R	N	Ó	N	X	V	K	K	Þ	V
O	Y	M	J	U	H	T	N	T	H	J	F	O	K	L	O
F	P	Y	D	G	A	Á	F	I	M	M	T	Á	N	N	H
X	Þ	Ð	B	K	Ð	N	Á	J	T	U	A	S	D	Q	R
O	Y	R	X	T	E	E	B	N	R	E	X	O	O	Z	O
S	I	F	Í	H	D	J	G	Y	X	Y	Y	Z	E	U	K
M	Z	L	K	R	C	T	A	E	D	E	W	H	E	T	D

FIMM
AUKASTAF
TÍU
SEXTÁN
SAUTJÁN
ÁTJÁN
TVEIR
TÓLF
NÍU
ÁTTA
FJÓRTÁN
FJÓRIR
FIMMTÁN
SEX
SJÖ
ÞRETTÁN
ÞRÍR
EINN
TUTTUGU
NÚLL

23 - Física

S	A	G	U	J	Z	U	K	T	S	W	E	Y	V	Þ	E
L	A	Ð	A	R	H	T	J	P	E	Ð	F	E	S	Y	Þ
Q	Ð	M	V	O	S	Í	A	Ð	G	K	N	V	K	N	J
J	O	Ó	E	W	C	Ð	R	R	U	F	I	Þ	O	G	L
N	R	T	R	I	A	N	N	A	L	B	X	M	M	D	V
E	W	A	Þ	T	N	I	O	F	M	G	Q	H	W	A	É
M	E	S	S	I	L	D	R	E	A	I	X	Q	A	R	L
U	J	Q	H	Ð	N	Y	K	I	G	K	K	Þ	H	A	F
J	R	W	A	Æ	G	Z	U	N	N	I	G	V	Ö	F	R
T	V	Þ	Q	T	L	U	F	D	A	E	D	É	G	L	Æ
L	L	Q	S	S	T	X	O	Ð	D	L	V	L	N	Þ	Ð
D	T	A	Ð	F	P	K	R	N	Þ	T	H	F	Z	R	I
X	O	Q	V	A	W	X	M	B	L	T	K	L	V	B	Z
H	R	Ö	Ð	U	N	B	Ú	M	C	É	Ð	K	I	Q	C
K	O	R	T	X	E	P	L	Ð	L	Þ	C	G	N	Ð	C
F	M	F	Þ	Z	S	Ð	A	Z	S	Q	C	Þ	P	J	A

HRÖÐUN
ATÓM
ROÐA
ÞÉTTLEIKI
RAFEIND
FORMÚLA
TÍÐNI
GAS
ÞYNGDARAFL
SEGULMAGN
MESSI
VÉLFRÆÐI
SAMEIND
VÉL
KJARNORKU
ÖGN
EFNI
AFSTÆÐI
ALHLIÐA
HRAÐA

24 - Especiarias

G	H	I	N	I	I	U	Q	Q	R	K	Đ	Q	F	Z	Z
S	A	L	T	S	U	M	V	K	A	N	I	L	E	Y	B
H	D	Y	K	Þ	N	J	Ú	A	I	S	J	A	N	C	Đ
Z	Z	B	P	K	Z	W	G	S	N	P	C	O	N	H	L
A	D	D	Þ	D	Q	V	D	P	K	I	Z	W	E	A	A
L	A	K	K	R	Í	S	Í	N	A	A	L	Z	L	O	Z
H	V	Í	T	L	A	U	K	U	R	K	T	L	K	P	U
T	C	Đ	W	J	Đ	E	S	U	E	A	F	T	U	Þ	G
S	A	F	F	R	A	N	Æ	O	D	R	U	K	U	A	L
P	T	C	O	Y	Þ	B	T	M	N	D	C	O	Đ	Z	O
B	I	T	U	R	H	O	U	V	A	E	N	Y	G	T	N
P	T	F	V	S	J	D	R	K	Í	M	B	R	A	G	Đ
I	A	M	Đ	Z	H	S	K	Y	R	O	K	K	Z	M	M
P	Q	J	N	E	M	Ú	K	E	Ó	M	I	V	W	H	C
A	L	U	L	U	Ý	R	R	A	K	M	N	M	U	L	G
R	E	N	G	I	F	E	R	X	A	U	M	A	F	R	L

SAFFRAN
LAKKRÍS
HVÍTLAUKUR
BITUR
ANÍS
SÚR
VANILLU
KANIL
KARDEMOMMU
KARRÝ
LAUKUR
KÓRÍANDER
KÚMEN
SÆTUR
FENNEL
ENGIFER
MÚSKAT
PIPAR
BRAGÐ
SALT

25 - Países #1

Þ	Ý	S	K	A	L	A	N	D	N	A	L	D	N	I	M
G	T	S	I	S	Í	L	A	M	M	Í	A	N	B	P	E
V	U	L	U	T	P	L	I	S	W	L	G	A	P	Đ	M
O	O	W	Y	A	A	Á	I	O	L	A	E	L	G	D	J
E	E	L	S	H	U	N	N	S	Z	T	N	A	Đ	U	B
A	Í	D	Ó	B	M	A	K	N	A	Í	E	T	Z	H	N
L	S	E	K	V	A	D	O	R	D	R	S	P	B	N	Í
E	R	Y	K	M	R	N	I	G	A	X	B	Y	U	F	K
Ú	A	Z	O	G	U	O	U	P	N	T	Þ	G	G	Đ	A
S	E	K	R	Q	Í	R	O	P	A	Đ	T	E	R	Þ	R
E	L	F	A	X	R	E	B	Ó	K	N	P	V	B	I	A
N	X	L	M	O	A	G	K	L	Þ	D	A	H	L	Q	G
E	H	Þ	F	L	K	U	Q	L	B	V	W	M	J	P	V
V	E	U	I	U	L	R	Z	A	S	U	H	J	A	B	A
K	U	C	Q	P	R	O	R	N	V	K	X	U	V	M	G
F	I	N	N	L	A	N	D	D	L	G	X	Q	O	O	S

ÞÝSKALAND
BRASILÍA
KAMBÓDÍA
KANADA
EGYPTALAND
EKVADOR
SPÁNN
FINNLAND
ÍRAK
ÍSRAEL
ÍTALÍA
INDLAND
MALÍ
MAROKKÓ
NÍKARAGVA
NOREGUR
PANAMA
PÓLLAND
SENEGAL
VENESÚELA

26 - A Mídia

U	L	A	S	T	A	Đ	R	E	Y	N	D	I	R	T	R
R	Æ	B	Đ	A	T	S	A	M	S	K	I	P	T	I	Þ
V	V	U	U	W	R	S	F	M	T	Þ	L	Z	A	D	B
A	I	T	N	E	M	A	Á	Á	N	E	T	I	N	U	U
U	V	T	W	E	V	Z	G	Đ	D	A	G	B	L	Ö	Đ
G	D	I	S	Z	T	H	T	S	J	Ó	N	V	A	R	P
L	O	A	Đ	M	F	Þ	Ú	O	P	I	N	B	E	R	B
Ý	J	U	S	H	U	H	A	C	A	P	W	C	G	R	Q
S	A	T	R	Đ	O	N	U	N	G	Ö	M	R	Á	J	F
I	L	Đ	U	Đ	K	R	A	V	G	N	Þ	I	Ú	I	M
N	N	W	Đ	F	F	I	F	L	L	V	Þ	D	T	Þ	F
G	S	T	A	F	R	Æ	N	W	E	E	Q	N	V	S	Á
R	Y	P	N	U	T	N	N	E	M	G	I	Y	A	D	L
C	M	N	Đ	O	K	A	I	H	Y	B	U	M	R	P	I
S	Þ	M	I	W	Þ	E	I	Đ	X	I	R	M	P	N	T
G	L	E	E	I	N	S	T	A	K	L	I	N	G	U	R

VIÐHORF
AUGLÝSING
SAMSKIPTI
STAFRÆN
ÚTGÁFA
MENNTUN
STAÐREYNDIR
FJÁRMÖGNUN
MYNDIR
EINSTAKLINGUR
IÐNAÐUR
VITSMUNALEGUM
DAGBLÖÐ
STAÐBÆR
Á NETINU
ÁLIT
OPINBER
ÚTVARP
NET
SJÓNVARP

27 - Casa

S	C	F	R	Y	B	E	W	L	C	K	H	M	M	W	Y
Ú	T	M	A	P	R	W	E	A	C	G	F	X	L	A	D
H	F	U	N	I	T	F	O	L	A	Á	H	K	P	M	V
D	O	Đ	R	U	H	G	G	K	Y	W	K	G	X	V	W
L	L	C	B	T	P	N	Ó	Y	I	Þ	B	A	J	Đ	E
E	C	R	D	Q	U	L	S	L	V	R	H	R	Þ	Đ	G
V	L	A	R	I	N	N	M	B	F	T	B	Đ	H	O	L
K	R	B	I	V	D	L	A	Ó	B	M	J	U	N	F	U
Ú	Ú	P	G	L	Q	R	Đ	K	V	K	O	R	Đ	Y	G
S	K	Q	R	R	I	R	Q	A	I	H	A	T	P	X	G
T	S	P	E	G	I	L	L	S	Đ	A	Z	Đ	T	E	A
U	L	W	B	S	G	J	C	A	B	R	A	N	N	A	T
R	Í	M	R	O	G	E	P	F	P	E	X	E	Y	L	J
U	B	Z	E	V	U	M	V	N	G	Ö	G	S	Ú	H	Ö
K	Y	X	H	A	L	B	F	R	H	R	V	I	M	Q	L
M	P	J	Y	N	G	N	I	Đ	R	I	G	B	B	J	D

BÓKASAFN
GIRÐING
LYKLA
STURTU
GLUGGATJÖLD
ELDHÚS
SPEGILL
BÍLSKÚR
GLUGGI
GARÐUR

ARINN
HÚSGÖGN
VEGG
HURÐ
HERBERGI
HÁALOFTINU
GÓLFMOTTA
LOFT
BRANN
KÚSTUR

28 - Vegetais

X	Þ	O	C	O	Y	T	A	N	Í	P	S	S	D	R	S
T	B	B	G	Đ	G	F	R	K	P	G	T	P	D	U	E
B	K	Y	Y	Þ	Þ	G	T	E	Đ	R	E	E	Y	K	L
H	V	I	N	O	J	J	I	Đ	O	A	I	R	N	U	L
F	C	S	E	W	Y	A	H	T	U	S	N	G	A	A	E
P	U	Q	M	S	P	X	O	V	K	K	S	I	Z	L	R
Đ	L	L	Z	I	N	Þ	K	Y	Þ	E	E	L	V	T	Í
E	H	E	L	L	B	C	E	F	Đ	R	L	K	F	T	K
H	E	Þ	Z	A	J	Đ	Æ	R	C	T	J	Á	B	O	G
T	Ó	M	A	T	U	K	R	Ú	G	K	A	L	F	L	U
A	F	K	M	T	N	K	O	C	K	M	S	L	Đ	A	L
R	E	F	I	G	N	E	U	L	F	Ö	T	R	A	K	R
B	C	P	P	D	Æ	U	W	R	I	P	P	E	V	S	Ó
A	Đ	M	Y	Y	P	I	Y	M	Z	G	Q	O	L	K	T
Đ	R	U	K	U	A	L	T	Í	V	H	I	I	Q	U	U
K	J	L	F	U	L	E	G	G	A	L	D	I	N	T	Z

GRASKER
SELLERÍ
ARTIHOKE
HVÍTLAUKUR
KARTÖFLU
EGGALDIN
SPERGILKÁL
LAUKUR
GULRÓT
SKALOTTLAUKUR
SVEPPIR
PEA
SPÍNAT
ENGIFER
NÆPA
GÚRKU
RÆÐJA
SALAT
STEINSELJA
TÓMAT

29 - Balé

S	X	I	K	I	E	L	K	R	Y	T	S	E	Ð	A	S
Þ	T	A	L	H	U	Þ	B	V	D	I	H	Æ	F	N	I
X	S	Í	O	M	E	C	R	Y	B	G	V	L	T	Í	L
P	R	H	L	R	O	I	R	H	G	N	R	I	A	R	Á
S	V	I	P	M	I	K	I	L	L	A	Æ	S	K	E	T
A	L	T	G	R	L	Þ	F	X	B	R	F	T	T	L	B
T	I	E	V	S	M	Ó	J	L	H	L	I	R	U	L	R
S	Ó	L	Ó	M	G	A	F	Ð	Z	E	N	Æ	R	A	A
G	A	I	P	Q	Q	I	E	A	R	G	G	N	T	B	G
K	Ó	R	E	Ó	G	R	A	F	K	T	A	N	Æ	T	Ð
Á	H	O	R	F	E	N	D	U	R	L	Y	M	K	Ó	E
J	T	Ó	N	S	K	Á	L	D	P	E	A	G	N	N	E
J	Q	K	A	A	Ð	Ð	U	J	Ð	X	V	P	I	L	M
D	A	N	S	A	R	A	R	S	M	O	Ð	D	P	I	L
L	V	M	S	U	I	Z	D	C	Z	Þ	Ö	H	D	S	K
H	X	T	R	M	X	Ð	V	O	H	A	V	P	B	T	S

LÓFAKLAPP
LISTRÆNN
BALLERÍNA
TÓNSKÁLD
KÓREÓGRAF
DANSARAR
ÆFING
STÍL
SVIPMIKILL
LÁTBRAGÐ
TIGNARLEGT
HÆFNI
STYRKLEIKI
VÖÐVA
TÓNLIST
HLJÓMSVEIT
ÁHORFENDUR
TAKTUR
SÓLÓ
TÆKNI

30 - Adjetivos #1

H	I	N	D	V	Đ	S	Đ	Þ	U	N	N	U	R	T	W
N	F	U	L	L	K	O	M	I	N	N	I	X	W	G	A
F	W	M	W	K	W	M	W	J	S	X	D	M	X	G	A
K	R	Ö	N	F	M	S	H	A	Z	L	N	B	Y	F	L
F	U	S	I	C	Đ	R	Ó	T	S	R	A	Đ	Í	R	G
Y	T	N	B	P	J	T	Þ	L	U	Q	M	W	T	I	E
S	Á	X	F	R	U	L	L	U	F	R	A	L	U	D	R
A	L	V	A	R	L	E	G	T	N	U	R	U	D	N	W
K	R	I	Đ	B	M	M	G	N	J	G	F	A	N	A	T
E	Ö	S	A	E	I	Y	W	Q	Ú	P	T	U	K	M	A
Q	U	V	S	G	T	X	R	N	X	T	G	Æ	H	L	S
L	I	S	T	R	Æ	N	N	K	N	W	Í	T	P	I	T
A	Đ	L	A	Đ	A	N	D	I	U	Q	O	M	V	O	Ó
M	I	K	I	L	V	Æ	G	T	B	R	J	D	A	Q	R
D	Ý	R	M	Æ	T	U	R	I	E	Đ	H	U	C	H	C
Þ	Q	V	H	E	I	Đ	A	R	L	E	G	U	R	E	F

ALGER
ILMANDI
LISTRÆNN
AÐLAÐANDI
GRÍÐARSTÓR
MYRKUR
FRAMANDI
ÞUNNUR
ÖRLÁTUR
STÓR
HEIÐARLEGUR
SÖMU
MIKILVÆGT
HÆGT
DULARFULLUR
NÚTÍMA
FULLKOMINN
ÞUNGT
ALVARLEGT
DÝRMÆTUR

31 - Paisagens

F	D	E	Q	W	O	J	D	Đ	C	X	W	J	L	F	L
B	L	J	U	T	X	Ö	A	B	Z	L	Y	Z	I	L	A
V	A	W	T	W	Z	K	R	Ö	M	I	Đ	Y	E	Ó	F
A	G	J	Q	M	O	U	D	Đ	P	V	Í	K	K	I	E
X	O	T	R	Đ	W	L	N	P	P	R	S	S	O	F	O
F	W	Þ	W	I	C	L	U	L	H	W	B	Q	U	A	V
J	C	T	T	N	V	A	T	E	Đ	H	E	Y	R	H	Z
H	D	U	J	T	S	E	X	I	Z	L	R	J	Q	X	F
F	J	A	R	A	E	U	R	S	Z	S	G	A	X	Þ	R
S	H	K	K	V	Y	Z	U	Z	D	S	K	A	G	I	W
U	H	Æ	A	U	J	L	Þ	P	A	F	J	A	L	L	L
Đ	A	F	Đ	Đ	A	V	Y	I	L	L	E	H	C	W	R
V	I	N	B	Ö	E	V	G	Y	U	O	E	B	K	Þ	M
E	C	Q	E	T	L	J	C	C	R	S	R	E	R	W	Ý
H	K	W	R	S	T	P	O	Đ	Đ	C	J	N	H	E	R
E	L	D	F	J	A	L	L	B	W	I	M	Ó	N	A	I

FOSS
HELLI
HÆÐ
EYÐIMÖRK
JÖKULL
FLÓI
ÍSBERG
EYJA
STÖÐUVATN
SJÓ
FJALL
VIN
HAF
MÝRI
SKAGI
FJARA
RIVER
TUNDRA
DALUR
ELDFJALL

32 - Dança

M	S	J	Ó	N	R	Æ	N	N	W	I	E	N	E	S	G
L	E	G	Q	N	I	M	A	K	Í	L	G	Y	S	V	L
K	M	N	E	M	G	W	K	D	X	J	F	Æ	W	I	A
Ó	N	I	N	A	Z	Þ	S	F	M	F	N	F	I	P	Ð
R	L	N	O	I	E	A	Í	Ð	É	A	Z	I	E	M	U
E	O	N	R	L	N	R	S	S	Z	L	Z	N	I	I	R
Ó	U	I	Þ	Ó	M	G	S	J	I	Y	A	G	T	K	H
G	S	F	Q	K	B	Þ	A	P	P	O	H	G	S	I	E
R	T	L	B	S	B	E	L	R	H	W	X	B	I	L	F
A	K	I	I	Á	B	N	K	Ö	T	M	A	S	L	L	Ð
F	R	T	R	H	R	G	Y	U	B	N	T	Z	N	T	B
J	M	Z	Z	D	R	S	V	C	G	Y	L	I	Ó	L	U
J	V	M	K	J	G	N	I	N	N	E	M	I	T	P	N
X	Q	A	S	U	A	Á	N	L	Z	X	N	U	S	L	D
T	Y	L	Z	D	W	Ð	H	F	U	V	C	Y	L	T	I
V	G	T	A	K	T	U	R	A	Y	Ð	U	Q	S	N	N

HÁSKÓLI
GLAÐUR
LIST
KLASSÍSKA
KÓREÓGRAF
LÍKAMI
MENNING
MENNINGAR
TILFINNING
ÆFING
SVIPMIKILL
NÁÐ
SAMTÖK
TÓNLIST
FÉLAGI
TAKTUR
HOPPA
HEFÐBUNDIN
SJÓNRÆN

33 - Nutrição

V	T	Þ	Y	Q	E	O	J	I	E	Y	F	M	H	H	N
M	Ö	H	D	V	P	X	Q	I	I	L	K	H	E	E	Æ
O	T	K	G	Æ	Ð	I	Þ	Y	N	G	D	I	I	I	R
M	V	J	V	V	I	Þ	V	G	T	N	M	T	L	L	I
S	R	P	W	A	F	O	R	X	E	I	A	A	B	S	N
Y	T	Z	M	A	Q	K	Ð	N	V	T	T	E	R	A	G
I	H	Q	K	N	Þ	R	W	M	L	L	A	I	I	V	A
G	E	G	J	Z	Y	G	K	C	O	E	R	N	G	Í	R
I	N	F	E	R	U	T	I	E	K	M	L	I	Ð	T	E
A	P	I	Ð	Æ	R	A	T	A	M	R	Y	N	U	A	F
S	L	M	E	Q	Þ	I	S	A	K	Ó	S	G	R	M	N
B	Ó	D	Æ	T	U	R	Q	D	C	L	T	A	W	Í	I
I	C	S	Z	A	Ó	R	H	E	E	E	Y	R	Z	N	Ð
T	Ð	B	A	Ð	E	R	J	M	Ð	G	A	R	B	O	T
U	V	X	G	U	P	L	P	T	N	U	J	R	E	G	I
R	P	H	Z	L	S	R	S	U	M	R	Z	A	D	P	G

BITUR
MATARLYST
HITAEININGAR
KOLVETNI
ÆTUR
MATARÆÐI
MELTING
RÓLEGUR
GERJUN
VÖKVA
SÓSA
NÆRINGAREFNI
ÞYNGD
PRÓTEIN
GÆÐI
BRAGÐ
HEILBRIGÐUR
HEILSA
EITUREFNI
VÍTAMÍN

34 - Energia

Ó	Q	L	T	C	Þ	R	I	C	Ð	U	S	F	C	W	P
R	R	S	C	D	G	R	A	Q	X	M	Ó	W	A	S	Z
A	D	E	O	C	F	A	T	I	H	H	L	N	A	L	Þ
F	Í	R	I	J	V	F	G	U	J	V	M	Í	W	F	Q
M	S	A	N	Ð	Þ	H	I	T	Y	E	N	S	D	L	E
A	E	F	T	N	A	L	M	U	I	R	Þ	N	N	Q	T
G	L	E	E	P	J	A	J	E	M	F	W	E	I	Ð	D
N	Y	I	V	R	U	Ð	A	N	Ð	I	I	B	E	J	I
S	C	N	D	R	Þ	A	M	E	N	G	U	N	S	E	G
H	X	D	H	U	T	Ú	R	B	Í	N	A	R	Ó	J	S
L	C	H	T	D	P	G	P	H	M	Ð	Q	F	J	W	R
K	J	A	R	N	O	R	K	U	Ð	Ó	M	C	L	R	Ð
T	F	E	Þ	I	U	I	A	H	V	I	T	F	C	L	K
S	Þ	P	S	V	K	O	L	E	F	N	I	O	Z	B	G
E	N	D	U	R	N	Ý	J	A	N	L	E	G	R	C	C
U	Z	N	J	S	F	R	T	G	B	K	C	G	N	O	Ð

UMHVERFI
RAFHLAÐA
HITA
KOLEFNI
ELDSNEYTI
DÍSEL
RAFMAGNS
RAFEIND
ÓREIÐA
LJÓSEIND
BENSÍN
VETNI
IÐNAÐUR
MÓTOR
KJARNORKU
MENGUN
ENDURNÝJANLEG
SÓL
TÚRBÍNA
VINDUR

35 - Disciplinas Científicas

Ð	W	I	Ð	Æ	R	F	T	S	I	V	X	S	H	R	L
Ó	N	Æ	M	I	S	F	R	Æ	Ð	I	T	T	R	I	Í
L	M	T	A	U	G	A	F	R	Æ	Ð	I	J	E	L	F
T	Í	Á	U	E	A	I	A	I	R	Æ	V	Ö	Y	W	E
S	E	F	L	E	M	J	Y	D	F	R	É	R	F	Þ	Ð
N	U	M	F	V	A	Z	W	Ð	A	F	L	N	I	J	L
F	R	V	P	Æ	Í	W	H	D	M	A	F	U	F	J	I
P	P	L	K	U	R	S	I	V	R	S	R	F	R	Ð	S
F	J	S	F	E	X	A	I	V	A	A	Æ	R	Æ	L	F
B	O	T	F	S	O	B	F	N	V	R	Ð	Æ	Ð	Í	R
S	Á	L	F	R	Æ	Ð	I	R	D	G	I	Ð	I	F	Æ
E	F	N	A	F	R	Æ	Ð	I	Æ	I	G	I	Ð	F	Ð
E	K	F	I	Ð	Æ	R	F	R	U	Ð	E	V	W	R	I
J	A	R	Ð	F	R	Æ	Ð	I	Ð	M	I	V	R	Æ	C
S	T	E	I	N	D	A	F	R	Æ	Ð	I	K	P	Ð	L
L	Í	F	E	F	N	A	F	R	Æ	Ð	I	I	E	I	K

LÍFFÆRAFRÆÐI
STJÖRNUFRÆÐI
LÍFFRÆÐI
LÍFEFNAFRÆÐI
GRASAFRÆÐI
HREYFIFRÆÐI
VISTFRÆÐI
LÍFEÐLISFRÆÐI
JARÐFRÆÐI
ÓNÆMISFRÆÐI
MÁLVÍSINDI
VÉLFRÆÐI
VEÐURFRÆÐI
STEINDAFRÆÐI
TAUGAFRÆÐI
SÁLFRÆÐI
EFNAFRÆÐI
VARMAFRÆÐI

36 - Meditação

L	S	V	E	N	J	A	E	Þ	Þ	S	N	I	A	Q	I
V	P	J	Z	T	G	G	W	I	A	K	Á	K	T	Đ	Þ
D	J	S	Ó	I	R	U	P	T	K	Ý	T	K	H	A	M
Þ	Y	Z	Đ	N	E	H	O	N	K	R	T	Y	Y	X	H
J	Y	Z	H	G	A	U	P	B	L	L	Ú	Þ	G	T	K
Y	M	M	R	Ö	C	R	Z	Y	Æ	E	R	M	L	I	U
F	Đ	X	Þ	Þ	H	D	H	C	T	I	A	A	I	L	F
K	J	W	Z	A	R	Þ	M	O	I	K	N	S	D	F	R
H	E	N	V	P	G	O	F	Þ	R	I	V	A	N	I	I
U	Y	N	A	T	H	U	G	U	N	N	O	M	A	N	Đ
G	A	W	N	S	G	S	A	M	Ú	Đ	I	T	K	N	U
S	K	X	Q	I	A	E	X	U	M	U	F	Ö	A	I	R
A	G	E	K	L	N	Z	L	O	Þ	B	D	K	V	N	U
N	M	F	H	N	T	G	T	D	L	I	V	Đ	Ó	G	E
I	M	A	N	Ó	W	Q	A	F	N	F	I	H	D	A	A
R	V	A	F	T	N	P	P	R	R	A	P	Y	P	R	Y

SAMÞYKKI
VAKANDI
ATHYGLI
GÓÐVILD
SKÝRLEIKI
SAMÚÐ
TILFINNINGAR
KENNINGAR
ÞAKKLÆTI
VENJA
ANDLEGT
HUGA
SAMTÖK
TÓNLIST
NÁTTÚRAN
ATHUGUN
FRIÐUR
HUGSANIR
SJÓNARHORNI
ÞÖGN

37 - Artes Visuais

S	A	L	A	L	S	Æ	L	G	I	D	C	C	Đ	K	Q
O	J	Z	E	R	U	Đ	A	M	A	T	S	I	L	V	V
S	B	Ó	Z	Đ	K	R	E	V	L	Á	M	P	Þ	I	A
K	Þ	R	N	S	W	I	N	N	E	P	A	O	H	K	X
K	E	V	W	A	U	Y	T	M	N	P	C	R	Q	M	K
A	H	R	A	U	R	M	U	E	J	I	R	T	R	Y	U
L	P	T	A	U	V	H	X	N	K	Z	G	R	F	N	W
H	L	S	C	M	L	K	O	O	A	T	S	E	R	D	K
T	Q	U	G	N	I	N	Á	R	K	S	Ú	T	U	N	I
T	I	S	M	Q	R	K	L	I	N	M	C	R	T	Y	P
L	E	I	R	P	O	E	Y	Þ	T	I	T	N	N	M	J
W	Þ	C	O	U	G	N	I	N	T	E	S	M	A	S	L
H	Ö	G	G	M	Y	N	D	Þ	X	L	H	B	Ý	Ó	U
W	H	B	N	H	K	R	Í	T	W	M	O	I	L	J	S
M	E	I	S	T	A	R	A	V	E	R	K	N	B	L	Q
V	U	B	T	P	B	T	G	A	W	I	P	R	D	T	F

LEIR
ARKITEKTÚR
LISTAMAÐUR
PENNI
GLÆSLA
VAX
KERAMIK
SAMSETNINGU
SKRÁNINGU
HÖGGMYND
KVIKMYND
LJÓSMYND
KRÍT
BLÝANTUR
MEISTARAVERK
SJÓNARHORNI
MÁLVERK
PORTRET
LAKK

38 - Moda

G	M	Æ	L	I	N	G	A	R	V	E	F	Þ	T	E	U
Þ	L	U	T	W	S	T	R	N	M	C	P	Z	G	W	J
Æ	Z	Æ	G	C	O	I	F	F	B	H	N	X	E	O	T
G	J	D	S	S	T	Í	L	L	Þ	K	V	U	L	A	R
I	E	U	Q	I	T	U	O	B	A	P	P	A	N	H	S
L	C	Z	B	N	L	U	X	D	Ð	R	Z	N	I	T	Y
E	G	R	K	Ú	G	E	Y	R	F	C	T	F	G	V	Ð
G	R	P	V	T	X	Þ	G	C	K	Y	R	E	I	M	A
T	Z	E	W	Í	C	R	V	U	X	Ú	U	T	R	Æ	N
Ð	V	X	A	M	N	R	T	C	R	T	T	S	O	V	T
Y	Y	P	E	A	M	T	L	L	W	S	S	W	H	K	A
H	Ó	G	V	Æ	R	E	A	C	D	A	G	B	Ð	G	F
B	D	Á	F	E	R	Ð	F	O	R	U	Æ	Y	K	A	L
Z	C	Ý	F	P	Z	K	N	N	Þ	M	L	A	I	H	X
G	I	W	R	J	R	H	I	N	I	U	H	S	W	R	I
H	A	G	N	Ý	T	M	E	G	Z	R	U	J	G	L	T

HAGKVÆM
ÚTSAUMUR
HNAPPA
BOUTIQUE
DÝR
ÞÆGILEGT
GLÆSILEGUR
STÍL
MÆLINGAR
LÆGSTUR
NÚTÍMA
HÓGVÆR
ORIGINLEGT
HAGNÝT
REIMA
FATNAÐ
EINFALT
EFNI
STEFNA
ÁFERÐ

39 - Instrumentos Musicais

M	D	V	Z	X	T	B	T	E	P	M	O	R	T	M	K
B	A	N	J	Ó	T	P	O	O	U	Í	A	J	C	A	L
Đ	Z	Ó	F	M	Y	R	T	A	C	S	A	Q	Q	N	A
T	G	F	F	H	G	J	O	D	W	Đ	O	N	K	D	R
F	O	Ó	G	Í	T	A	R	M	H	Q	F	Z	Ó	Ó	I
A	B	X	S	E	L	L	Ó	Y	M	C	L	F	W	L	N
Đ	R	A	M	A	R	I	M	B	A	A	A	A	R	Í	E
J	Þ	S	G	I	Z	A	L	Z	R	N	U	G	R	N	T
F	F	K	Đ	Đ	K	Y	T	M	W	Ú	T	O	R	K	T
M	U	N	N	H	Ö	R	P	U	A	S	U	T	X	Z	F
J	V	R	C	V	Z	Q	E	D	Y	Á	T	T	O	F	M
W	Z	A	N	G	Þ	B	Đ	V	C	B	U	M	B	U	R
I	L	V	F	G	A	V	Z	Q	G	Q	Y	Ó	M	B	A
F	I	Đ	L	U	H	R	R	K	N	A	Þ	B	T	L	I
D	W	X	H	Z	O	W	B	K	O	J	L	Ó	H	M	Z
H	A	R	P	A	G	C	E	H	G	U	H	S	U	Đ	Q

MANDÓLÍN
BANJÓ
KLARINETT
FAGOTT
FLAUTU
MUNNHÖRPU
GONG
HARPA
MARIMBA
ÓBÓ
BUMBUR
SLAGVERK
PÍANÓ
SAXÓFÓN
TROMMA
BÁSÚNA
TROMPET
GÍTAR
FIĐLU
SELLÓ

40 - Adjetivos #2

C	H	I	B	B	Y	Þ	Ð	J	Þ	B	Á	A	Q	Q	O
L	Þ	E	Ð	N	R	U	K	K	Y	Þ	H	F	L	N	W
U	P	G	I	A	G	R	Þ	H	Z	Y	U	K	M	I	O
Ð	M	Þ	A	L	S	R	P	Q	X	P	G	A	Ð	A	D
M	Q	M	N	K	B	T	R	U	T	L	A	S	G	J	J
S	F	I	Y	Y	E	R	O	Þ	T	V	V	T	T	Ý	N
Á	B	Y	R	G	U	R	I	L	N	Ð	E	A	V	U	E
H	R	E	I	N	T	M	R	G	T	Þ	R	M	I	R	Ð
F	H	O	F	R	Æ	G	U	R	Ð	U	T	I	L	H	L
L	Ý	S	A	N	D	I	K	G	J	U	R	K	L	F	I
D	F	A	Ð	T	H	T	R	G	Ð	D	R	I	T	M	L
K	Y	N	T	B	K	A	E	Z	Z	Þ	O	L	L	V	E
P	R	U	O	P	Þ	E	T	T	I	E	H	L	K	F	G
Z	O	T	H	Ð	A	N	S	K	A	P	A	N	D	I	T
E	Z	S	C	O	Ð	R	U	G	E	L	I	S	Æ	L	G
J	N	W	D	N	Á	T	T	Ú	R	U	L	E	G	T	F

EKTA
SKAPANDI
LÝSANDI
GLÆSILEGUR
FRÆGUR
STERKUR
ÞYKKUR
ÁHUGAVERT
NÁTTÚRULEGT
EÐLILEGT
NÝTT
STOLTUR
AFKASTAMIKILL
HREINT
HEITT
ÁBYRGUR
SALTUR
HEILBRIGÐUR
ÞURR
VILLT

41 - Roupas

K	Á	P	U	B	Y	R	V	Q	S	L	I	P	T	D	G
L	W	P	R	U	T	T	A	H	C	K	T	U	C	C	A
S	A	N	D	X	V	W	Y	T	W	R	Y	Þ	T	Y	L
R	R	E	U	U	A	R	M	B	A	N	D	R	E	O	L
N	Þ	T	S	R	S	A	H	A	N	S	K	A	T	I	A
J	K	A	K	D	Y	K	L	B	V	T	B	T	Ö	A	B
Ð	R	Z	Ó	J	E	K	I	K	Y	S	L	U	F	H	U
K	W	S	R	K	P	O	J	T	Z	X	Ú	D	T	C	X
M	J	V	C	X	S	S	Þ	A	A	K	S	Í	T	K	U
Ð	Ð	U	W	E	P	L	I	H	K	W	S	C	Á	L	R
W	S	N	E	M	S	L	Á	H	R	K	A	X	N	Ð	L
B	A	T	L	E	I	L	R	V	K	S	I	Z	F	H	B
E	M	U	L	W	P	Ó	W	K	B	C	Z	G	V	T	I
F	I	M	E	V	K	J	P	R	B	E	L	T	I	L	T
B	T	N	Q	J	J	K	L	H	Z	N	G	K	H	L	M
C	N	Þ	C	E	W	E	C	V	E	I	R	F	U	A	I

SVUNTU
BLÚSSA
BUXUR
SKYRTA
KÁPU
HATTUR
BELTI
HÁLSMEN
JAKKI
GALLABUXUR
HANSKA
SOKKAR
TÍSKA
NÁTTFÖT
ARMBAND
PILS
SKÓ
SKÓR
PEYSA
KJÓLL

42 - Herbalismo

S	R	Đ	E	Q	Đ	Y	Đ	M	I	A	R	H	M	A	U
A	F	Ó	R	L	X	Þ	H	V	Þ	G	P	D	Þ	R	H
F	J	Q	S	C	M	S	Z	X	Y	J	I	I	Q	V	V
F	K	P	A	M	F	Y	L	K	U	D	G	C	J	L	L
R	L	G	B	Ó	A	T	N	A	L	P	A	T	O	C	T
A	O	H	W	L	J	R	G	O	H	J	R	I	C	E	B
N	F	V	R	B	L	C	Í	A	D	O	Đ	G	A	R	B
A	N	Í	O	M	E	V	U	N	G	X	U	M	O	N	Y
J	A	T	A	Y	S	D	V	K	Z	N	R	G	D	A	O
M	R	L	V	Đ	N	N	Þ	R	T	P	L	S	Æ	Đ	B
I	B	A	Đ	Þ	I	D	N	A	M	L	I	E	I	Đ	B
T	L	U	V	L	E	N	N	E	F	R	D	K	G	L	I
W	Ó	K	Q	I	T	E	S	T	R	A	G	O	N	X	N
Z	M	U	Þ	S	S	K	Ó	R	Í	A	N	D	E	R	F
Y	F	R	M	A	R	O	J	R	A	M	J	Z	J	Q	E
Q	C	S	Đ	B	G	R	Æ	N	T	C	T	U	I	A	O

SAFFRAN
RÓSMARÍN
HVÍTLAUKUR
ILMANDI
GAGNLEG
KÓRÍANDER
ESTRAGON
BLÓM
FENNEL
EFNI
GARÐUR
LOFNARBLÓM
BASIL
MARJORAM
PLANTA
GÆÐI
BRAGÐ
STEINSELJA
TIMJAN
GRÆNT

43 - Arqueologia

S	É	R	F	R	Æ	Ð	I	N	G	U	R	L	I	Ð	N
K	I	B	L	I	N	V	V	R	I	H	L	U	T	I	D
S	G	L	E	Y	M	T	A	O	A	X	B	N	X	D	L
N	V	E	O	O	T	L	B	S	T	S	B	T	T	N	X
Y	T	P	Z	Á	U	V	T	S	I	D	I	Ð	B	A	G
M	A	T	Þ	N	R	Y	P	E	Z	L	A	M	E	M	O
S	J	V	O	E	Ð	Y	V	F	A	Ö	Z	L	I	O	T
J	C	T	R	A	N	N	S	Ó	K	N	I	R	N	K	Í
G	J	K	F	Þ	R	B	K	R	B	R	G	O	A	F	M
G	R	K	R	W	I	J	R	P	I	O	I	Q	R	A	U
R	T	E	L	P	M	E	T	O	N	F	H	M	P	Y	M
Ö	G	Þ	I	H	M	Þ	I	V	T	M	I	N	N	I	Q
F	R	Ó	L	N	S	I	Ð	M	E	N	N	I	N	G	I
P	L	L	C	Y	I	C	G	O	V	T	K	R	Þ	R	T
L	K	T	O	M	X	N	S	L	I	T	P	B	I	L	O
H	V	H	V	A	T	Á	G	Ð	Á	R	G	L	L	I	S

GREINING
ÁR
FORNÖLD
MAT
SIÐMENNING
AFKOMANDI
ÓÞEKKT
LIÐ
TÍMUM
SÉRFRÆÐINGUR

GLEYMT
BROT
RANNSÓKNIR
RÁÐGÁTA
HLUTI
BEIN
PRÓFESSOR
MINNI
TEMPLE
GRÖF

44 - Esporte

M	E	F	N	A	S	K	I	P	T	I	Þ	P	S	M	T
S	A	T	R	A	J	H	U	P	I	T	N	U	T	E	G
K	S	R	B	N	Y	N	A	Q	B	S	O	P	Y	Z	U
D	L	X	K	R	Æ	R	Þ	C	E	H	I	Ð	R	Y	M
A	I	Y	K	M	T	R	Ð	R	I	V	L	Z	K	J	W
N	E	H	O	C	I	U	I	Þ	N	C	Í	R	U	J	J
S	H	D	K	Ð	R	Ð	Q	N	Þ	E	K	E	R	Þ	A
A	M	U	S	E	R	A	Q	O	G	C	A	L	Ó	J	H
K	A	U	A	S	O	M	U	T	U	B	M	V	U	B	G
R	T	L	S	N	F	A	A	P	L	M	I	O	Ð	J	Þ
A	A	B	X	C	A	T	Y	S	E	W	Ð	B	Ð	Ö	E
M	R	Ð	K	M	W	T	S	O	F	R	R	D	D	P	V
Á	Æ	W	B	B	D	Ó	U	B	Ð	L	F	I	R	B	H
H	Ð	T	V	P	A	R	X	E	V	Ð	N	J	V	Q	B
R	I	T	T	Ó	R	Þ	Í	Þ	J	Á	L	F	A	R	I
I	G	N	N	U	E	Í	M	T	M	X	Þ	Q	A	L	S

ÍÞRÓTTAMAÐUR
GETU
HJARTA
HJÓLA
LÍKAMI
DANSA
MATARÆÐI
ÍÞRÓTTIR
STYRKUR
SKOKK
HÁMARKA
EFNASKIPTI
VÖÐVA
NÆRING
MARKMIÐ
BEIN
FORRIT
ÞREK
HEILSA
ÞJÁLFARI

45 - Agronomia

P	U	O	K	G	U	S	I	Ð	Æ	R	F	T	S	I	V
L	K	X	Y	W	S	M	Ð	V	R	S	R	U	C	J	S
Ö	E	E	I	E	Z	A	H	C	F	J	A	O	M	A	J
N	I	S	R	U	T	X	Ö	V	G	Ú	M	I	Á	R	Á
T	S	Q	U	F	Z	P	L	B	G	K	L	N	B	Ð	L
U	M	Þ	Ð	Ð	I	H	U	V	G	D	E	G	U	V	F
R	K	B	A	C	Ð	T	Z	X	U	Ó	I	U	R	E	B
U	M	O	N	B	V	I	E	B	S	M	Ð	V	Ð	G	Æ
K	Q	B	Ú	K	I	E	O	M	L	A	S	A	U	U	R
F	Þ	Ð	B	I	P	V	R	Z	N	A	L	T	R	R	R
G	P	H	D	A	J	S	K	J	A	Æ	A	N	U	A	R
U	Ð	E	N	I	K	Z	A	B	K	Y	R	Ð	K	L	C
Q	S	I	A	L	Í	F	R	Æ	N	T	S	G	I	Y	T
Ð	C	A	L	G	R	R	U	M	H	V	E	R	F	I	P
M	E	N	G	U	N	H	O	V	Í	S	I	N	D	I	D
B	G	T	S	U	P	S	O	F	N	U	Y	A	A	Y	M

LANDBÚNAÐUR
UMHVERFI
VATN
VÍSINDI
VÖXTUR
SJÚKDÓMA
VISTFRÆÐI
ORKA
ROF
ÁBURÐUR
GRÆNMETI
LÍFRÆNT
PLÖNTUR
MENGUN
FRAMLEIÐSLA
SVEIT
FRÆ
KERFI
JARÐVEGUR
SJÁLFBÆR

46 - Frutas

K	S	V	W	J	Í	L	M	A	J	K	S	R	E	F	A
E	I	Ð	Ð	E	V	I	S	Y	N	Q	Z	M	M	I	P
J	L	R	E	B	Í	Ð	S	I	N	A	N	A	B	P	P
J	P	A	S	Ó	K	Í	R	P	A	D	N	Ð	S	E	E
E	E	Y	O	U	S	Í	T	R	Ó	N	U	A	M	I	L
T	J	A	K	N	B	B	R	Ó	M	B	E	R	S	N	S
Ð	W	P	Y	A	T	E	N	H	S	O	K	Ó	K	E	Í
Þ	C	A	T	W	Q	C	R	M	M	A	N	G	Ó	C	N
F	Z	P	N	E	T	Q	H	P	G	Þ	N	Y	V	T	A
H	I	N	D	B	E	R	J	U	M	J	L	Y	C	A	A
V	P	Z	J	R	R	Q	A	F	I	O	U	N	V	R	V
Í	E	Y	O	C	Y	L	N	V	U	D	U	L	F	I	Ó
N	H	V	F	W	E	J	A	A	J	Q	F	A	Y	N	K
B	I	C	P	N	K	O	L	L	H	P	E	R	A	E	A
E	G	O	N	F	V	D	C	R	G	Y	G	H	L	A	D
R	Z	K	S	H	C	P	R	F	N	Y	Z	S	A	A	Ó

AVÓKADÓ
ANANAS
BRÓMBER
BER
BANANI
KIRSUBER
KÓKOSHNETA
APRÍKÓSA
MYND
HINDBERJUM
KÍVÍ
APPELSÍNA
SÍTRÓNU
EPLI
PAPAYA
MANGÓ
NECTARINE
PERA
FERSKJA
VÍNBER

47 - Corpo Humano

K	X	H	K	L	C	M	J	X	Þ	D	K	I	F	Þ	G
J	B	L	Á	I	D	U	D	Þ	W	X	O	L	G	D	J
Á	G	U	M	L	A	N	N	E	F	V	Q	J	O	H	B
L	A	U	C	G	S	N	Ö	M	Þ	K	N	S	Z	E	C
K	N	W	T	O	T	U	H	Ö	K	K	L	A	T	D	F
A	G	U	A	A	Y	R	R	U	F	T	H	Ö	F	U	Ð
E	N	R	N	D	Q	N	Z	T	D	Y	T	Y	K	F	E
A	I	I	D	Q	P	S	H	R	J	P	V	E	E	Þ	S
T	B	L	Ó	Ð	F	Ó	T	U	R	Þ	G	Y	J	C	N
R	M	I	E	W	I	E	G	H	Þ	U	T	R	B	B	J
A	Z	E	U	N	E	V	W	G	U	Þ	G	A	W	Þ	W
J	R	H	C	D	N	U	K	Ö	H	H	G	N	H	L	S
H	C	E	E	H	B	I	P	X	A	P	C	S	I	Z	Ð
Ú	O	L	N	B	O	G	A	L	H	F	E	V	Þ	F	H
Ð	V	P	L	T	W	L	W	D	N	H	C	T	C	K	X
A	P	A	C	C	F	J	Y	E	É	F	X	Þ	J	Z	D

MUNNUR
HÖFUÐ
HEILI
HJARTA
OLNBOGA
FINGUR
HNÉ
KJÁLKA
HÖND
NEF
AUGA
ÖXL
EYRA
HÚÐ
FÓTUR
HÁLS
HÖKU
BLÓÐ
ENNI
ÖKKLA

48 - Caminhada

M	K	O	R	T	N	O	V	V	L	F	B	Z	R	X	U
O	O	J	I	Q	I	X	A	E	S	J	J	Q	F	W	N
S	N	Q	O	J	Y	N	T	Ð	X	A	A	R	Y	G	D
K	N	G	V	U	T	G	N	U	Þ	L	R	U	D	Þ	I
Í	E	M	U	I	E	Q	A	R	E	L	G	B	N	X	R
T	M	A	P	U	L	W	R	F	Ý	X	J	O	P	O	B
Ó	U	A	F	G	G	L	Ú	A	M	D	V	A	J	E	Ú
F	G	A	R	Ð	U	R	T	R	Þ	W	D	G	T	T	N
L	Ö	Ð	U	O	A	L	T	H	U	L	G	G	C	B	I
U	S	Æ	Ð	R	L	G	Á	W	J	T	Z	C	O	C	N
G	Ð	J	E	Þ	E	W	N	C	T	V	T	U	V	P	G
U	I	T	V	V	I	J	M	Þ	S	H	K	Y	L	Þ	U
R	E	Ú	M	N	J	Þ	B	O	D	X	S	E	E	Z	R
E	L	É	V	G	Í	T	S	X	K	Y	O	C	J	R	Q
S	T	E	F	N	U	M	Ö	R	K	U	N	K	S	O	Þ
S	C	G	X	S	T	E	I	N	A	R	S	Ó	L	L	P

ÚTJÆÐA
DÝR
VATN
STÍGVÉL
ÞREYTTUR
VEÐURFAR
LEIÐSÖGUMENN
KORT
FJALL
MOSKÍTÓFLUGUR
NÁTTÚRAN
STEFNUMÖRKUN
GARÐUR
STEINAR
BJARG
ÞUNGT
UNDIRBÚNINGUR
VILLT
SÓL
VEÐUR

49 - Biologia

U	S	M	Y	K	P	P	E	G	G	O	E	L	K	I	R
T	Y	D	E	S	R	Ý	D	N	E	P	S	Z	I	N	L
A	N	V	Ð	P	Q	I	N	I	S	N	D	M	A	W	O
G	A	G	I	Ð	U	X	P	N	Y	Í	V	H	Ó	X	G
N	P	B	I	A	G	U	A	T	T	T	M	O	T	S	W
U	S	F	Þ	Ð	X	X	K	I	Þ	Ó	U	R	A	J	U
F	E	Z	Y	R	Æ	C	J	L	F	R	A	M	U	R	F
Í	B	A	K	T	E	R	Í	U	R	P	L	Ó	G	Þ	R
L	Í	F	F	Æ	R	A	F	R	Æ	Ð	I	N	A	R	I
L	Y	A	S	G	N	T	P	F	Ð	S	L	E	F	Ó	N
I	F	B	J	Z	S	Z	M	D	Y	D	Ý	G	R	U	X
T	G	E	L	U	R	Ú	T	T	Á	N	B	A	U	N	R
S	S	K	R	I	Ð	D	Ý	R	W	E	M	L	M	R	F
Ó	L	W	S	Q	S	Þ	L	T	Z	P	A	L	A	M	L
J	G	K	N	X	J	D	G	T	M	K	S	O	M	J	A
L	R	L	G	N	I	T	Y	E	R	B	K	K	Ö	T	S

LÍFFÆRAFRÆÐI
BAKTERÍUR
FRUMA
KOLLAGEN
LITNING
FRÆÐI
ENSÍM
ÞRÓUN
LJÓSTILLÍFUN
HORMÓN
SPENDÝR
STÖKKBREYTING
NÁTTÚRULEGT
TAUG
TAUGAFRUMA
OSMÓSU
PRÓTÍN
SKRIÐDÝR
SAMBÝLI
SYNAPSE

50 - Beleza

G	G	U	C	F	T	Þ	Y	Þ	N	O	S	Y	Z	S	Þ
E	Y	R	M	K	C	G	T	C	V	Þ	X	R	H	P	C
G	K	U	W	A	N	Y	J	S	Ö	N	G	E	N	E	A
L	S	T	Í	L	I	S	T	I	R	Æ	K	S	P	G	T
Æ	G	I	V	L	D	N	W	Q	U	I	R	N	A	I	J
S	L	L	A	U	N	M	Ð	Z	R	H	L	O	T	L	H
I	Æ	Y	R	R	Y	S	M	W	M	E	F	M	S	L	E
L	S	C	A	K	M	V	J	G	O	X	D	O	U	G	I
E	I	Y	L	V	S	H	M	A	H	M	Ð	Á	N	R	L
I	L	N	I	Ð	Ó	F	W	A	M	P	Ú	U	Ó	U	L
K	E	A	T	O	J	G	U	Þ	S	P	H	N	J	Í	A
I	G	Q	U	Þ	L	N	Z	C	L	K	Ó	O	Þ	L	J
F	U	Ð	R	F	A	R	Ð	I	A	N	A	H	E	O	L
K	R	L	Y	J	R	U	R	Ö	V	I	T	R	Y	N	S
Z	X	Y	J	L	Q	H	Ð	B	I	C	A	H	A	X	F
Q	P	F	G	P	S	Y	T	Þ	Q	Z	L	L	E	R	N

VARALITUR
KRULLA
HEILLA
LITUR
SNYRTIVÖRUR
GLÆSILEGUR
GLÆSILEIKI
SPEGILL
STÍLISTI
LJÓSMYNDIN

ILMUR
NÁÐ
FARÐI
OLÍUR
HÚÐ
VÖRUR
MASKARA
ÞJÓNUSTA
SKÆRI
SJAMPÓ

51 - Filantropia

G	H	W	K	S	F	Y	G	O	M	U	A	W	Ð	J	K
R	E	B	N	I	P	O	L	F	Þ	F	L	L	Q	D	O
S	I	I	Ð	V	I	M	Á	W	D	C	Ð	R	Y	P	P
L	Ð	C	A	H	S	Þ	M	G	S	W	N	M	N	H	K
R	A	H	X	V	A	Q	R	A	B	Ö	R	N	F	R	K
T	R	U	Ó	D	G	S	Á	F	N	F	O	R	R	I	T
E	L	Ö	H	P	A	A	J	E	Y	N	U	S	D	H	T
N	E	R	H	F	A	M	F	G	N	U	K	L	Ó	F	H
G	I	L	W	J	B	F	R	Ö	Þ	T	S	Y	R	T	Q
I	K	Æ	E	L	C	É	Q	X	F	J	Æ	X	N	Y	C
L	I	T	M	H	L	L	M	A	R	K	M	I	Ð	I	G
I	I	I	I	S	Þ	A	W	Ð	K	Ð	L	S	T	F	Ð
Ð	G	V	T	C	T	G	E	L	Ð	Ó	J	Þ	L	A	É
I	I	O	V	E	R	K	E	F	N	I	X	S	T	O	R
Y	L	Þ	X	Á	S	K	O	R	A	N	I	R	T	Y	U
G	A	Þ	K	X	C	T	A	S	N	Q	B	I	V	M	P

SAMFÉLAG
TENGILIÐI
BÖRN
ÁSKORANIR
GEFA
FJÁRMÁL
FÉ
ÖRLÆTI
ALÞJÓÐLEGT
HÓPA
SAGA
HEIÐARLEIKI
MANNKYNIÐ
ÆSKU
VERKEFNI
ÞÖRF
MARKMIÐ
FÓLK
FORRIT
OPINBER

52 - Ecologia

S	J	Á	L	F	B	Æ	R	A	F	R	U	Ð	E	V	L
A	L	Þ	J	Ó	Ð	L	E	G	T	L	G	Z	B	N	M
F	J	Ö	L	B	R	E	Y	T	N	I	I	B	D	Q	R
C	F	U	T	S	A	M	F	É	L	Ö	G	F	N	F	M
A	S	O	H	G	T	Þ	R	W	X	A	X	O	U	V	N
M	N	M	L	X	E	Ð	L	V	Þ	J	C	F	G	N	B
N	A	M	F	J	Ö	L	L	X	Q	W	H	Q	E	V	K
C	R	K	D	H	B	W	U	G	G	P	S	P	T	Q	M
B	Ú	S	V	Æ	Ð	I	P	R	D	Ý	R	A	L	Í	F
M	T	Y	S	G	P	E	L	A	Ú	O	A	R	O	L	F
M	T	K	J	M	Y	Ð	Ö	K	W	T	M	B	H	Y	P
K	Á	W	Á	E	W	B	N	R	Q	Ð	T	Ð	Q	R	R
A	N	Z	V	S	V	L	T	R	W	Ð	H	Á	G	X	K
G	N	L	A	Q	Þ	Ð	U	U	X	L	F	E	N	E	X
D	Þ	E	R	Z	U	D	R	Þ	G	R	Ó	Ð	U	R	E
A	B	Ð	Þ	A	U	Ð	L	I	N	D	I	R	I	N	Q

VEÐURFAR
SAMFÉLÖG
FJÖLBREYTNI
TEGUND
DÝRALÍF
FLORA
ALÞJÓÐLEGT
BÚSVÆÐI
SJÁVAR
FJÖLL
NÁTTÚRULEGT
NÁTTÚRAN
MARSH
PLÖNTUR
AUÐLINDIR
ÞURRKAR
LIFUN
SJÁLFBÆR
GRÓÐUR

53 - Família

D	J	O	M	B	Þ	E	Þ	V	F	L	V	I	H	R	O
N	P	N	O	L	V	A	V	K	Ð	P	N	N	L	U	N
Y	R	V	O	G	I	T	C	U	Ð	D	U	G	R	Ð	K
T	Z	U	Q	J	M	E	T	Z	H	Z	P	A	B	A	S
B	A	R	N	A	B	A	R	N	H	R	L	R	A	M	B
T	V	Í	B	U	R	A	R	I	Ð	A	F	I	M	N	E
F	F	U	A	J	U	N	K	W	F	Þ	D	Ð	M	I	I
B	O	E	F	Y	Ð	A	R	Q	E	Q	Q	Ó	A	G	G
A	K	R	I	Ð	Ó	R	B	I	S	E	S	M	B	I	I
R	N	I	F	W	M	Y	P	I	A	K	O	G	B	E	N
N	B	T	K	A	Y	X	H	W	K	I	I	S	Z	T	K
Æ	B	T	V	B	Ð	Q	Q	S	N	U	O	Y	C	M	O
S	M	Ó	Y	N	T	I	D	N	Æ	R	F	S	X	I	N
K	J	D	G	J	U	U	R	F	R	B	O	T	L	W	A
A	E	L	L	Z	I	V	L	N	F	Ö	P	I	B	H	V
P	T	H	E	Q	T	H	N	W	M	Z	B	R	E	P	L

FORFAÐIR
AMMA
AFI
BARN
BÖRN
EIGINKONA
DÓTTIR
TVÍBURAR
BARNÆSKA
SYSTIR
BRÓÐIR
EIGINMAÐUR
MÓÐUR
MÓÐIR
BARNABARN
FAÐIR
INGAR
FRÆNDI
FRÆNKA

54 - Edifícios

H	L	N	I	L	Ó	K	S	Á	H	Þ	P	K	A	R	X
I	Y	N	F	A	S	A	S	J	Ú	K	R	A	H	Ú	S
N	R	K	L	F	K	S	G	S	V	M	Ú	T	Z	Y	Y
Q	X	T	K	D	Ó	T	C	E	Q	A	K	A	Q	C	A
X	W	K	Ð	H	L	A	S	N	W	T	S	F	B	Æ	R
Í	B	Ú	Ð	L	I	L	P	D	A	V	L	E	T	Ó	H
V	O	U	F	Ö	W	I	J	I	Y	Ö	Í	L	E	Þ	Þ
X	E	R	E	Ð	J	X	N	R	O	R	B	K	U	A	L
Y	P	R	H	U	N	W	N	Á	A	U	E	N	V	Ð	N
U	A	C	K	N	T	Z	V	Ð	W	B	Z	U	U	O	P
K	R	O	L	S	R	J	V	Ö	B	Ú	A	F	N	H	K
U	M	D	P	B	M	W	A	J	L	Ð	T	P	S	F	D
V	E	S	Ú	H	K	I	E	L	F	L	T	C	U	F	C
B	V	Ð	R	K	U	T	Ð	E	D	M	I	Þ	Y	V	T
T	Ð	O	L	Ð	T	P	H	J	U	Z	F	N	R	U	T
H	E	L	Þ	E	Y	D	V	L	U	G	E	U	N	R	M

ÍBÚÐ
KLEFA
KASTALI
HLÖÐU
SENDIRÁÐ
SKÓLI
VÖLLINN
BÆR
VERKSMIÐJU
BÍLSKÚR
SJÚKRAHÚS
HÓTEL
SAFN
MATVÖRUBÚÐ
LEIKHÚS
TJALD
TURN
HÁSKÓLI

55 - Xadrez

A	Ð	G	E	R	Ð	A	L	A	U	S	F	C	F	L	G
K	O	N	U	N	G	U	R	J	A	M	Y	P	V	E	K
S	T	E	F	N	U	I	W	P	H	M	H	A	C	I	W
W	P	Ð	S	Q	A	R	U	L	G	E	R	E	H	K	Ð
T	Í	M	I	D	N	A	L	Æ	M	T	Ó	M	V	U	I
X	A	G	N	I	N	T	T	O	R	D	Q	D	Í	R	Z
A	G	I	P	I	R	S	I	E	I	J	K	W	T	Y	S
S	R	T	P	M	Ó	I	K	G	N	Y	U	Ð	U	I	A
A	U	S	E	X	F	E	Q	M	A	H	H	B	R	J	C
V	Ð	Á	K	S	A	M	B	M	R	R	F	W	M	X	A
M	A	L	W	F	O	V	R	O	O	V	L	T	O	P	D
Y	M	Ð	Æ	U	S	U	R	W	K	N	F	A	K	E	R
U	K	X	R	R	M	V	Þ	N	S	N	Þ	A	Q	K	U
V	I	Q	Ð	U	A	M	A	J	Á	I	I	M	E	X	N
K	E	S	I	C	D	P	F	R	I	O	A	Ó	P	M	Ð
P	L	U	O	V	U	W	N	P	T	K	Z	T	Y	N	F

AÐ LÆRA
HVÍTUR
MEISTARI
KEPPNI
ÁSKORANIR
SKÁ
STEFNU
LEIKMAÐUR
LEIKUR
MÓTMÆLANDI
AÐGERÐALAUS
STIG
SVART
DROTTNING
REGLUR
KONUNGUR
FÓRN
TÍMI
MÓT

56 - Aventura

F	O	Q	I	R	Æ	F	I	K	Æ	T	S	Ð	Ð	M	I
T	E	Ð	C	I	T	G	E	L	U	J	N	E	V	Ó	A
C	W	R	T	D	T	L	I	G	G	Y	R	Ö	A	R	Q
E	B	E	Ð	N	Ý	E	Þ	L	U	L	F	B	I	E	O
Á	Z	F	L	A	N	Ð	I	Í	Þ	R	T	L	X	A	P
N	F	R	Þ	V	Á	I	N	K	O	I	Ð	K	Þ	N	R
Á	L	A	I	J	L	Æ	G	U	Þ	N	Ó	A	J	I	I
T	O	N	N	H	Þ	N	T	R	Ð	I	M	V	D	I	N
T	Á	U	K	G	X	K	S	L	A	V	D	X	V	S	A
Ú	Ó	Ð	R	P	A	B	V	F	U	L	L	Y	Q	K	R
R	V	O	I	T	V	S	G	Z	D	N	E	Ð	L	U	O
A	A	K	V	S	B	S	T	J	A	D	E	Y	A	J	K
N	R	S	P	A	F	F	R	A	G	N	I	L	G	I	S
D	T	A	L	B	O	B	P	U	Ð	P	S	C	A	L	Á
H	Æ	T	T	U	L	E	G	T	N	U	P	V	V	B	E
L	Z	G	R	U	G	N	I	N	Ú	B	R	I	D	N	U

GLEÐI
VINIR
VIRKNI
FEGURÐ
LÍKUR
ÁSKORANIR
ÁFANGASTAÐUR
VANDI
ELDMÓÐ
SKOÐUNARFERÐ
ÓVENJULEGT
FERÐAÁÆTLUN
NÁTTÚRAN
SIGLINGAR
NÝTT
TÆKIFÆRI
HÆTTULEGT
UNDIRBÚNINGUR
ÖRYGGI
Á ÓVART

57 - Floresta Tropical

F	V	J	J	K	E	F	R	O	S	K	D	Ý	R	F	V
D	Z	W	Y	I	N	A	R	Ú	T	T	Á	N	Ý	R	I
T	A	S	X	L	D	K	X	W	Đ	X	C	S	D	U	R
R	T	R	S	D	U	G	I	K	X	K	T	Þ	N	M	Đ
I	N	T	Y	E	R	B	L	Ö	J	F	K	V	E	S	I
E	Y	V	R	F	R	A	V	H	T	A	G	Đ	P	K	N
Đ	Z	E	J	H	E	A	P	Đ	O	Y	S	G	S	Ó	G
S	H	F	R	T	I	F	U	G	L	A	R	K	Q	G	S
L	K	I	A	K	S	T	E	G	U	N	D	U	Ý	U	A
V	I	O	F	D	N	D	Ý	R	M	Æ	T	U	R	R	M
Q	D	F	R	B	O	T	A	N	I	C	A	L	T	I	F
R	Þ	Þ	U	D	V	A	R	Đ	V	E	I	S	L	U	É
L	O	Đ	Đ	N	Ý	W	N	Đ	U	T	R	X	C	R	L
K	X	B	E	E	J	R	G	O	R	Q	R	A	D	M	A
I	K	E	V	X	B	A	K	F	Y	N	S	L	F	H	G
K	V	F	R	U	M	B	Y	G	G	J	A	M	O	S	S

FROSKDÝR
BOTANICAL
VEÐURFAR
SAMFÉLAG
FJÖLBREYTNI
TEGUND
FRUMBYGGJA
SKORDÝR
SPENDÝR
MOSS
NÁTTÚRAN
SKÝ
FUGLAR
VARÐVEISLU
ATHVARF
VIRÐING
ENDURREISN
FRUMSKÓGUR
LIFUN
DÝRMÆTUR

58 - Cidade

S	X	N	N	I	L	L	Ö	V	E	R	S	L	U	N	H
S	A	F	N	X	E	S	J	Þ	E	U	I	P	K	V	X
S	O	A	S	Z	Y	Ð	Y	O	Þ	Ð	E	D	E	O	B
K	M	S	S	I	Y	Ð	Ú	B	U	R	Ö	V	T	A	M
Ó	U	A	F	N	Þ	Z	B	Z	A	A	Y	P	Ó	Z	O
L	C	K	W	L	Y	S	J	I	D	G	G	I	P	S	Y
I	K	Ó	I	U	U	R	R	U	Ð	A	K	R	A	M	Ð
K	W	B	S	Þ	N	G	T	H	Í	R	E	L	L	A	G
N	H	U	R	W	D	U	V	I	R	Ý	Y	I	Q	B	V
A	Ó	G	T	B	V	O	M	Ö	S	D	U	E	S	A	Ð
B	T	Z	S	Ú	H	K	I	E	L	T	Ð	P	Q	K	S
D	E	Y	K	Þ	O	L	G	H	A	L	O	M	P	A	Q
I	L	Ó	K	S	Á	H	L	X	N	D	U	F	M	R	U
K	V	I	K	M	Y	N	D	A	H	Ú	S	R	A	Í	I
W	M	M	I	X	C	E	N	J	C	H	E	M	I	W	T
B	L	Ó	M	A	B	Ú	Ð	Ú	B	A	K	Ó	B	L	S

FLUGVÖLLUR
BANKI
BÓKASAFN
KVIKMYNDAHÚS
SKÓLI
VÖLLINN
APÓTEK
BLÓMABÚÐ
GALLERÍ
HÓTEL
DÝRAGARÐUR
BÓKABÚÐ
VERSLUN
MARKAÐUR
SAFN
BAKARÍ
SNYRTISTOFA
MATVÖRUBÚÐ
LEIKHÚS
HÁSKÓLI

59 - Música

L	L	Y	T	S	S	P	I	S	N	Æ	R	Ð	Ó	J	L
P	L	Ö	T	U	Á	F	Ð	Ö	S	L	H	C	P	H	S
X	C	X	J	C	H	T	K	N	Y	T	L	C	E	D	Ö
C	U	K	G	W	L	D	T	G	N	H	J	L	R	A	N
U	G	F	T	X	D	W	U	L	G	L	Ó	G	A	L	G
A	Ð	A	L	L	A	B	P	E	J	J	Ð	N	K	N	V
N	F	Y	M	O	K	Ð	K	I	A	Ó	F	M	S	S	A
N	F	H	O	D	A	Ó	Þ	K	T	Ð	Æ	R	Í	Ö	R
I	U	Z	R	W	T	T	R	U	B	N	R	G	S	N	A
P	J	B	J	J	P	C	A	R	N	E	I	P	S	G	Z
S	B	Q	B	H	P	V	P	K	B	M	Ð	J	A	V	A
Ð	O	N	O	R	U	T	K	A	T	I	K	S	L	A	N
O	S	K	T	S	C	P	W	U	W	Q	M	K	K	R	W
K	D	M	Q	S	V	V	Þ	S	A	M	Þ	B	F	I	W
H	H	U	Þ	R	I	P	Y	B	Ð	I	R	S	M	B	C
S	A	M	H	L	J	Ó	M	U	R	Q	R	E	N	M	O

PLÖTU
BALLAÐA
SYNGJA
SÖNGVARI
KLASSÍSKA
KÓR
UPPTAKA
SÁTT
SAMHLJÓMUR
SPINNA

HLJÓÐFÆRI
LAG
HLJÓÐNEMI
SÖNGLEIKUR
ÓPERA
LJÓÐRÆN
TAKTUR
TAKT
SÖNGVARA

60 - Matemática

O	Þ	M	J	X	B	T	L	N	I	L	S	F	Þ	V	B
U	J	D	A	A	F	M	B	S	X	Á	A	Y	R	E	R
X	R	G	M	R	F	T	B	L	Á	M	M	U	Í	L	O
G	A	H	M	A	G	N	I	N	Y	R	H	F	H	D	T
J	G	J	U	Ð	I	H	A	J	V	E	V	G	Y	I	F
Q	Ð	G	S	A	I	T	Y	D	T	V	E	H	R	S	N
Y	T	Q	O	J	Z	Ð	S	R	S	Þ	R	S	N	V	R
F	E	R	N	I	N	G	U	R	N	U	F	W	I	Í	Ú
T	Ð	D	O	S	Z	S	Í	V	M	I	U	F	N	S	M
Ö	T	Y	K	Þ	Q	I	D	N	I	B	N	N	G	I	F
L	P	G	L	L	V	E	A	E	C	J	D	G	U	R	R
U	R	U	G	N	I	N	R	Y	H	T	T	É	R	Z	Æ
R	P	C	Ð	A	B	Y	R	U	R	Ð	T	K	O	G	Ð
H	J	Á	L	Í	Ð	A	L	O	G	R	A	M	G	T	I
A	U	K	A	S	T	A	F	R	H	G	J	Y	D	D	V
S	A	M	H	L	I	Ð	A	U	Ð	P	Z	W	Y	U	W

TÖLUR
HORN
UMMÁL
AUKASTAF
ÞVERMÁL
JAFNA
VELDISVÍSIR
BROT
RÚMFRÆÐI
SAMHLIÐA
HJÁLÍÐALOGRAM
JAÐAR
MARGHYRNING
FERNINGUR
RADÍUS
RÉTTHYRNINGUR
SAMHVERFU
SUMMA
ÞRÍHYRNINGUR
BINDI

61 - Saúde e Bem Estar #1

V	Ö	Ð	V	A	L	D	P	B	M	K	B	V	H	L	S
F	T	Z	Ú	S	S	Y	C	E	E	X	A	I	Þ	W	L
Æ	R	Z	Y	H	S	T	F	I	Ð	W	K	Ð	Y	E	Ö
Ð	W	Y	X	J	E	H	R	N	F	Þ	T	B	D	D	K
U	Ð	P	E	B	O	X	P	B	E	Q	E	R	L	L	U
B	E	Q	T	Y	S	Y	Ð	R	R	K	R	A	R	A	N
Ó	Q	I	V	B	L	R	Ð	O	Ð	N	Í	G	T	B	C
T	Þ	V	H	G	V	Y	E	T	N	B	U	Ð	O	Ð	H
A	J	G	Y	E	T	I	Z	I	M	Ð	R	Þ	B	N	Z
R	U	K	R	I	V	U	L	N	L	T	A	R	I	E	V
E	V	F	G	J	P	G	Æ	G	Þ	B	G	B	K	F	U
F	E	C	O	V	S	Z	K	W	W	E	U	L	E	F	F
N	N	Z	O	D	Þ	V	N	H	Æ	Ð	A	H	T	I	H
I	J	U	Q	R	C	C	I	E	E	V	T	R	Ó	D	N
J	A	Ð	L	F	H	E	R	N	Y	J	Ð	B	P	T	V
A	H	U	N	G	U	R	H	O	R	M	Ó	N	A	F	C

TEYGJA
HÆÐ
VIRKUR
BAKTERÍUR
LÆKNIR
APÓTEK
HUNGUR
BEINBROT
VENJA
HORMÓN
LYF
VÖÐVA
TAUGAR
BEIN
HÚÐ
VIÐBRAGÐ
SLÖKUN
FÆÐUBÓTAREFNI
MEÐFERÐ
VEIRA

62 - Natureza

W	Þ	A	Q	Q	M	S	Þ	P	M	Y	Þ	B	U	L	I
I	X	V	W	Z	A	K	O	Þ	T	F	U	X	Z	J	S
Þ	G	F	Q	L	Đ	Ó	I	D	O	J	S	Y	H	W	I
T	L	A	Q	R	U	G	U	L	F	Ý	B	X	U	Q	I
T	O	E	W	A	M	U	F	Đ	E	C	A	P	H	Z	K
Þ	L	Ó	J	K	S	R	O	P	T	L	Y	R	Đ	X	L
E	D	L	G	V	D	Ý	R	U	K	S	Í	T	K	R	A
E	Y	Đ	I	M	Ö	R	K	N	R	S	R	G	J	U	C
N	L	R	F	V	R	M	X	S	I	X	L	E	Ö	M	I
E	C	U	K	R	G	Y	Z	F	V	N	D	L	K	Ó	P
R	E	G	V	T	I	C	Z	Z	E	W	D	F	U	D	O
E	O	E	I	K	H	Đ	Đ	G	R	U	T	Í	L	I	R
S	D	F	K	Q	H	Đ	S	J	O	J	E	L	L	G	T
J	E	G	K	Y	X	K	U	Æ	L	Q	Q	X	S	L	N
G	G	V	T	V	A	H	F	K	L	A	J	A	D	E	F
N	P	D	M	T	V	W	G	D	X	T	M	U	F	H	S

BÝFLUGUR
SKJÓL
DÝR
ARKTÍSKUR
FEGURÐ
EYÐIMÖRK
KVIK
ROF
SKÓGUR
SM
JÖKULL
ÞOKA
SKÝ
FRIÐSÆLT
RIVER
HELGIDÓMUR
VILLT
SERENE
TROPICAL
LÍFLEGT

63 - A Empresa

J	O	I	N	Z	Þ	Þ	R	Ó	U	N	S	V	A	I	U
M	S	Ð	Y	I	V	R	O	P	S	Ð	R	O	T	I	F
Y	M	Þ	J	O	C	I	Ð	Æ	G	R	S	C	V	Ð	P
I	N	V	R	K	U	R	Ð	V	D	I	M	N	I	N	A
R	U	G	E	L	G	A	F	S	R	D	V	C	N	A	L
T	Ð	R	J	J	Q	F	W	A	K	N	L	U	N	Ð	Þ
E	R	D	Ö	S	W	M	M	A	O	I	Ý	O	A	U	J
K	Ö	I	F	V	J	A	A	E	E	L	P	J	N	R	Ó
J	V	D	W	Þ	M	R	C	H	Y	Ð	Q	T	A	R	Ð
U	K	K	S	I	O	F	M	N	O	U	A	S	I	R	L
R	Á	E	I	N	I	N	G	A	R	A	M	C	H	J	E
Á	H	Æ	T	T	A	K	I	E	L	U	G	Ö	M	R	G
S	K	A	P	A	N	D	I	U	O	A	X	W	B	N	T
K	Y	N	N	I	N	G	X	B	F	P	O	A	T	Y	H
R	V	F	J	Á	R	F	E	S	T	I	N	G	G	M	X
C	J	V	H	C	C	W	O	Z	D	Þ	J	X	K	Y	G

KYNNING
SKAPANDI
ÁKVÖRÐUN
ATVINNA
ALÞJÓÐLEGT
IÐNAÐUR
NÝJAR
FJÁRFESTING
VIÐSKIPTI
MÖGULEIKA
VÖRU
FAGLEGUR
FRAMFARIR
GÆÐI
TEKJUR
AUÐLINDIR
ORÐSPOR
ÁHÆTTA
ÞRÓUN
EININGAR

64 - Doença

O	H	F	T	Ö	H	K	B	H	V	I	M	D	S	N	L
F	R	V	P	J	N	J	V	P	E	B	E	Ó	M	I	Þ
N	M	O	X	J	W	D	A	P	I	G	Ð	N	I	C	H
Æ	L	W	U	Q	K	K	U	R	K	R	F	Æ	T	B	D
M	T	A	L	K	Ý	S	V	N	T	E	E	M	A	L	O
I	H	Þ	N	Z	B	E	Y	E	A	A	R	I	N	U	H
N	K	C	W	G	I	H	L	K	A	R	Ð	G	D	N	E
N	D	Ð	D	T	V	G	Ð	I	V	K	F	F	I	G	I
E	L	L	Y	W	C	A	Á	U	D	Y	L	Æ	B	U	L
K	L	U	M	B	A	R	R	P	Q	W	I	X	R	M	S
L	B	E	I	N	D	Y	B	A	K	J	Þ	L	V	I	A
I	Y	S	M	U	Z	R	U	G	N	E	G	F	R	A	B
E	O	T	A	V	Q	Y	K	Ð	Þ	D	J	S	N	M	Ó
H	P	P	K	F	A	H	A	Þ	Y	N	I	J	P	Z	L
F	A	W	Í	T	A	U	G	A	K	V	I	L	L	A	G
X	N	L	L	W	K	E	C	O	J	Y	Y	T	Y	F	A

KVIÐ
BRÁÐ
OFNÆMI
SMITANDI
HJARTA
LÍKAMI
LANGVARANDI
VEIK
ARFGENGUR
ÓNÆMI
BÓLGA
LUMBAR
TAUGAKVILLA
BEIN
SÝKLA
LUNGUM
ÖNDUNARFÆRI
HEILSA
HEILKENNI
MEÐFERÐ

65 - Aquecimento Global

V	Đ	K	F	E	I	K	K	I	Đ	G	I	Đ	X	V	P
Þ	Í	O	F	F	K	B	U	K	R	E	P	P	A	E	Í
R	T	S	P	E	J	H	Y	B	U	L	K	U	H	Đ	B
Í	M	Đ	I	Q	K	U	X	E	Đ	Đ	A	M	I	U	Ú
K	A	K	Z	N	G	A	S	V	A	Ó	R	H	T	R	A
I	R	X	Y	N	D	C	Þ	N	N	J	U	V	A	F	H
S	F	I	A	N	A	A	T	Þ	Đ	Þ	K	E	S	A	Þ
S	Q	O	H	K	S	I	M	P	I	L	S	R	T	R	J
T	V	F	U	C	Đ	L	Þ	A	A	A	Í	F	I	Z	X
J	N	Ö	K	H	D	G	Ó	S	Đ	N	T	I	G	G	M
Ó	B	J	B	X	S	Y	J	Đ	V	U	K	S	S	Ö	A
R	Đ	G	W	R	H	H	V	M	I	Ó	R	E	R	G	Þ
N	S	G	K	K	A	T	E	N	Y	R	A	N	Ú	N	H
Y	Þ	Ö	A	J	W	A	C	C	Þ	Þ	O	R	K	A	E
A	F	L	E	I	Đ	I	N	G	A	R	Z	N	Z	Q	C
P	Þ	P	E	Q	N	E	Đ	U	S	I	M	W	A	E	R

NÚNA
UMHVERFIS
ATHYGLI
ARKTÍSKUR
VÍSINDAMAÐUR
VEÐURFAR
AFLEIÐINGAR
KREPPA
GÖGN
ÞRÓUN
ORKA
FRAMTÍÐ
GAS
KYNSLÓÐIR
RÍKISSTJÓRN
IÐNAÐUR
ALÞJÓÐLEG
LÖGGJÖF
ÍBÚA
HITASTIG

66 - Aviões

S	F	M	A	N	H	L	H	H	Æ	Đ	Z	C	Q	N	J
Á	T	T	D	V	Đ	O	I	T	Y	E	N	S	D	L	E
E	H	J	S	K	A	F	M	C	Q	Þ	W	N	C	S	L
T	Q	Ö	Ó	I	I	T	I	Đ	Í	M	S	J	F	B	E
W	H	U	F	R	J	U	N	F	E	T	S	B	Æ	L	N
Đ	Q	E	L	N	N	S	N	D	M	W	L	X	V	Á	D
O	I	L	A	C	J	M	B	L	Ö	Đ	R	U	I	S	I
F	A	R	Þ	E	G	I	Á	N	G	Þ	Þ	J	N	A	N
Ó	K	Y	R	R	Đ	N	A	L	G	I	S	H	T	N	G
F	J	R	X	X	W	T	G	G	É	Đ	I	M	Ý	U	I
G	T	J	Z	M	D	E	A	A	Y	V	J	M	R	R	F
M	C	L	B	E	D	V	S	B	C	Q	L	G	I	P	C
F	L	U	G	M	A	Đ	U	R	J	R	D	U	Y	P	H
M	Đ	O	H	Z	W	K	F	Đ	O	K	H	K	V	U	I
V	X	J	A	R	U	K	S	N	D	L	V	E	Z	C	W
O	P	N	X	K	C	W	C	Y	F	F	N	Z	B	S	M

HÆÐ
LOFT
LENDING
STJÓRNMÁL
ÆVINTÝRI
BLÖÐRU
HIMINN
ELDSNEYTI
SMÍÐI
UPPRUNA
STEFNU
VETNI
SAGA
BLÁSA
VÉL
SIGLA
FARÞEGI
FLUGMAÐUR
ÁHÖFN
ÓKYRRÐ

67 - Tipos de Cabelo

Z	Y	F	L	É	T	T	U	M	Q	T	F	L	S	R	T
K	Q	Þ	C	O	P	V	D	J	S	M	R	J	K	S	N
C	R	A	K	I	R	R	W	D	D	Đ	E	Ó	Ö	Đ	S
Þ	F	L	É	T	T	U	R	U	J	K	S	S	L	S	C
U	Z	P	F	K	E	P	Z	Þ	J	P	V	H	L	N	X
R	U	Đ	G	I	R	B	L	I	E	H	A	Æ	Ó	G	M
R	Á	R	G	B	Đ	K	L	Y	I	U	R	R	T	Z	J
G	L	A	N	S	A	N	D	I	R	T	T	Đ	T	S	Ú
D	Đ	U	D	H	L	G	X	Z	E	C	T	U	U	T	K
S	S	T	Z	Z	L	D	I	M	X	Đ	A	R	R	U	U
Y	S	P	Y	V	U	E	Đ	I	K	K	O	R	H	T	R
R	U	I	I	C	R	Q	Q	A	L	J	X	P	J	T	G
T	H	P	L	X	K	W	E	Đ	T	N	Ú	R	B	B	Q
G	U	U	G	F	Y	Đ	Q	N	F	I	Q	X	H	T	Þ
M	Đ	V	A	R	U	K	K	Y	Þ	Y	L	A	N	G	T
H	V	Í	T	U	R	R	U	N	N	U	Þ	Z	Z	K	Đ

HVÍTUR
GLANSANDI
KRULLA
SKÖLLÓTTUR
GRÁR
LITAÐ
STUTT
HROKKIÐ
ÞUNNUR
ÞYKKUR
LJÓSHÆRÐUR
LANGT
BRÚNT
SILFUR
SVART
HEILBRIGÐUR
ÞURR
MJÚKUR
FLÉTTUM
FLÉTTUR

68 - Dias e Meses

Y	X	S	L	O	Y	Q	T	S	B	B	D	J	Ú	N	Í
R	X	F	E	A	K	I	V	Y	L	Q	H	Ð	E	I	Q
X	T	B	Y	P	U	Y	I	L	V	M	G	Q	P	B	I
J	K	S	M	Z	T	G	P	M	E	Þ	E	Ð	T	P	Y
J	A	N	Ú	A	R	E	A	S	W	N	C	S	R	R	X
M	B	R	T	G	Á	Z	M	R	E	B	M	E	S	E	D
X	F	D	M	J	Á	L	M	B	D	R	U	M	H	B	F
M	Á	N	U	D	A	G	U	R	E	A	L	H	Y	M	Ö
O	W	J	F	E	B	R	Ú	A	R	R	G	Þ	T	E	S
K	L	Ú	L	R	U	G	A	D	U	N	N	U	S	V	T
T	H	L	C	S	I	A	P	R	Í	L	R	J	R	Ó	U
Ó	P	Í	H	U	D	A	G	A	T	A	L	Q	P	N	D
B	F	I	M	M	T	U	D	A	G	U	R	S	V	T	A
E	Z	X	Þ	C	E	K	Þ	O	U	W	K	L	U	D	G
R	U	Ð	U	N	Á	M	Q	K	R	T	J	G	O	K	U
Þ	R	I	Ð	J	U	D	A	G	U	R	E	U	M	N	R

APRÍL
ÁGÚST
ÁR
DAGATAL
DESEMBER
SUNNUDAGUR
FEBRÚAR
JANÚAR
JÚLÍ
JÚNÍ
MÁNUÐUR
NÓVEMBER
OKTÓBER
FIMMTUDAGUR
LAUGARDAGUR
MÁNUDAGUR
VIKA
SEPTEMBER
FÖSTUDAGUR
ÞRIÐJUDAGUR

69 - Saúde e Bem Estar #2

Þ	O	V	Q	Þ	N	V	Í	T	A	M	Í	N	K	M	L
C	Y	R	H	U	U	Q	N	H	X	T	D	Y	A	A	Í
Y	W	N	K	Ð	D	M	E	L	T	I	N	G	L	T	F
M	C	S	G	A	D	E	I	J	S	T	M	B	O	A	F
X	H	Q	M	D	Q	F	G	F	M	Æ	A	A	R	R	Æ
S	J	Ú	K	D	Ó	M	U	R	I	L	T	T	Í	L	R
S	E	D	G	S	B	Q	I	U	T	N	A	A	A	Y	A
J	R	U	W	S	B	J	J	Ð	U	I	R	S	L	S	F
Ú	F	Ð	Ó	L	B	F	Þ	G	N	E	Æ	Q	W	T	R
K	Ð	I	N	Í	V	M	X	I	L	R	Ð	A	O	R	Æ
R	A	A	W	K	V	P	Ð	R	O	H	I	Y	B	M	Ð
A	F	U	P	A	K	S	Z	B	O	F	F	Q	F	D	I
H	R	M	Þ	M	R	O	B	L	A	B	N	T	S	Z	Y
Ú	Æ	H	U	I	R	Þ	W	I	S	R	W	Æ	A	Z	D
S	Ð	I	W	F	P	N	V	E	Þ	R	A	K	M	S	Y
Z	I	R	H	S	I	O	L	H	B	G	Þ	F	N	I	N

OFNÆMI
LÍFFÆRAFRÆÐI
MATARLYST
KALORÍA
LÍKAMI
MATARÆÐI
MELTING
SJÚKDÓMUR
ORKA
ERFÐAFRÆÐI
HREINLÆTI
SJÚKRAHÚS
SKAP
SMITUN
NUDD
ÞYNGD
BATA
BLÓÐ
HEILBRIGÐUR
VÍTAMÍN

70 - Geografia

A	B	C	C	S	A	L	T	A	A	H	H	T	J	J	E
K	N	D	Þ	J	Y	E	U	C	U	I	R	T	Y	V	Þ
D	B	Q	Đ	Ó	G	H	C	F	W	B	Q	K	Đ	H	W
G	G	N	Y	U	Z	Þ	K	N	Đ	N	Q	I	J	A	J
Y	A	X	G	Z	J	U	A	W	O	T	F	Q	Đ	L	L
B	R	E	I	D	D	A	J	Y	E	R	U	T	S	E	V
W	P	T	E	S	F	G	R	O	B	O	Đ	L	L	I	V
H	H	S	U	Đ	U	R	B	Đ	P	K	U	U	U	K	U
E	E	F	F	J	A	L	L	N	A	I	D	I	R	E	M
M	I	N	N	U	F	L	Á	Þ	T	R	N	U	Đ	Þ	H
A	M	Đ	U	S	F	M	S	J	N	Y	A	H	W	Y	Y
G	U	B	P	G	A	D	R	O	Đ	V	L	F	A	O	I
Y	R	S	V	Æ	Đ	I	I	H	Y	N	O	B	I	F	W
U	I	E	Đ	C	G	M	V	Æ	I	A	S	D	I	T	I
Þ	R	Y	V	F	A	X	E	Đ	Q	N	A	U	O	D	I
B	E	D	H	L	V	W	R	G	T	L	O	Z	W	H	L

HÆÐ
ATLAS
BORG
ÁLFUNNI
JARÐAR
EYJA
BREIDD
KORT
SJÓ
MERIDIAN
FJALL
HEIMUR
NORÐUR
HAF
VESTUR
LAND
SVÆÐI
RIVER
SUÐUR

71 - Antártica

Y	R	V	Á	L	F	U	N	N	I	G	Ð	G	T	R	S
T	A	S	E	R	P	M	J	J	L	I	L	A	G	M	Y
Þ	N	S	R	R	A	J	Y	E	H	V	A	L	I	R	Y
M	N	X	A	U	N	W	D	A	M	Þ	C	S	T	M	S
Ö	S	Z	T	G	C	D	L	N	V	P	M	D	S	V	K
R	Ó	F	Ð	N	S	N	U	Þ	I	A	Z	N	A	Q	A
G	K	Þ	Þ	A	U	Ð	B	N	N	E	F	A	T	V	G
Æ	N	Þ	W	Ð	C	O	V	E	F	Ð	F	L	I	N	I
S	I	X	Þ	I	U	M	H	V	E	R	F	I	H	J	A
I	R	Ó	M	E	V	Í	S	I	N	D	L	E	G	T	V
R	A	M	L	L	V	C	L	F	I	V	A	T	N	T	Þ
O	L	O	K	F	P	Y	U	S	E	H	U	Z	J	K	J
Y	K	C	O	R	C	J	S	D	T	I	D	Þ	X	X	L
J	Ö	X	E	A	Y	Q	X	J	S	Í	Z	I	I	G	X
Q	J	I	M	U	N	B	T	B	V	T	S	N	N	K	L
D	S	T	S	C	W	L	A	N	D	A	F	R	Æ	Ð	I

UMHVERFI
VATN
FLÓI
HVALIR
VÍSINDLEGT
VERNDUN
ÁLFUNNI
COVE
LEIÐANGUR
JÖKLAR
ÍS
LANDAFRÆÐI
EYJAR
RANNSÓKNIR
STEINEFNI
SKAGI
MÖRGÆSIR
ROCKY
HITASTIG
LANDSLAG

72 - Flores

D	Đ	Þ	T	N	B	A	S	T	T	W	C	O	F	H	N
P	A	O	R	C	H	I	D	S	O	J	A	Đ	B	X	Đ
L	L	I	N	K	P	L	T	U	M	G	Q	K	W	Þ	S
U	B	Q	S	A	J	O	Ú	C	C	Á	A	J	L	F	X
M	U	L	V	Y	F	N	L	S	G	Q	R	K	Í	S	J
E	N	K	E	L	G	G	I	I	B	S	O	I	L	Ó	A
R	Ó	F	T	I	E	A	P	B	M	D	D	E	A	L	S
I	R	V	Q	L	I	M	A	I	O	I	J	I	Z	B	M
A	K	V	Ö	N	D	A	N	H	R	Ó	S	F	F	L	I
Q	H	Þ	E	C	A	L	E	N	D	U	L	A	P	Ó	N
P	E	O	N	Y	A	Y	J	W	N	I	O	N	N	M	E
U	N	I	Đ	G	Q	O	D	Q	U	Q	D	T	Y	E	X
P	O	P	P	Y	K	O	F	Q	C	F	Í	F	I	L	L
R	I	E	L	O	F	N	A	R	B	L	Ó	M	S	V	O
T	L	T	Z	K	Q	U	H	I	V	P	Þ	B	C	S	L
K	D	J	R	Z	Q	R	V	J	K	J	A	G	K	Þ	O

VÖND
CALENDULA
FÍFILL
TOGA
SÓLBLÓM
HIBISCUS
JASMINE
LOFNARBLÓM
LÍLA
LILY
MAGNOLIA
DAISY
ORCHID
POPPY
PEONY
KRÓNUBLAÐ
PLUMERIA
RÓS
SMÁRI
TÚLIPAN

73 - Fazenda #1

E	K	Ð	K	K	Ö	T	T	U	R	S	V	Í	N	U	G
N	J	Y	Ý	I	K	R	Á	K	A	N	C	A	T	K	I
G	Ú	E	R	P	Þ	N	Ð	D	Q	E	I	T	U	L	R
I	K	H	O	D	K	Þ	M	A	Þ	V	I	Z	G	A	Ð
B	L	E	Y	U	H	E	R	Ð	E	E	Y	U	E	N	I
S	I	S	V	V	K	R	U	Ð	R	U	B	Á	I	D	N
H	N	T	V	A	T	N	Í	D	K	S	Z	L	T	B	G
U	G	U	U	Z	T	G	Ð	S	U	L	R	L	Ð	Ú	B
N	U	R	D	B	C	Ð	T	M	G	R	R	O	T	N	T
D	R	K	G	Z	Í	D	Y	N	B	R	H	Z	A	A	J
U	X	Þ	Á	S	D	V	G	I	M	Þ	J	Y	T	Ð	X
R	R	X	T	L	Y	Þ	X	B	E	V	F	Ó	I	U	O
E	I	Z	B	Z	F	F	L	O	K	K	U	R	N	R	R
X	R	R	J	V	Q	U	P	M	X	T	O	I	S	Þ	R
H	U	N	A	N	G	U	R	Z	Þ	Q	Y	M	A	G	V
Y	T	W	J	N	W	N	M	V	O	R	Ð	C	S	R	Y

BÍ
LANDBÚNAÐUR
HRÍSGRJÓN
VATN
KÁLFUR
ASNI
GEIT
ENGI
HESTUR
HUNDUR
GIRÐING
KRÁKA
HEY
ÁBURÐUR
KJÚKLINGUR
KÖTTUR
HUNANG
SVÍN
FLOKKUR
KÝR

74 - Livros

Đ	N	X	B	J	N	Q	K	Y	Đ	L	Þ	C	I	W	F
T	G	D	M	A	H	F	T	R	X	Q	M	U	G	S	R
S	K	Á	L	D	S	A	G	A	Đ	Í	S	D	S	J	U
S	Z	O	R	I	D	N	A	G	I	E	Đ	I	V	C	M
H	K	W	R	Đ	K	I	T	M	G	M	S	L	Q	H	L
Ö	M	R	C	Đ	I	G	N	E	H	M	A	S	K	Q	E
R	Z	U	I	R	Ý	T	N	I	V	Æ	F	N	D	Z	G
M	J	Đ	P	F	E	Y	E	W	B	W	N	E	O	Đ	Y
U	K	A	E	O	A	I	M	T	V	Í	E	Đ	L	I	S
L	C	M	Z	I	G	Đ	K	Đ	A	E	A	Q	C	A	P
E	N	U	H	G	A	Ö	Ó	J	Þ	G	E	V	S	V	F
G	L	G	W	N	S	R	B	J	L	E	S	A	N	D	I
A	E	Ö	O	Đ	K	T	G	E	L	U	G	Ö	S	W	Đ
P	X	S	H	Ö	F	U	N	D	U	R	Q	S	N	X	Þ
X	K	P	A	S	A	J	Y	L	O	G	L	V	B	B	Y
S	T	S	K	R	Z	L	V	O	Q	V	V	A	L	I	R

HÖFUNDUR
ÆVINTÝRI
SAFN
SAMHENGI
TVÍEÐLI
SKRIFAÐ
EPIC
SAGA
SÖGULEGT
FRUMLEG
LESANDI
BÓKMENNTA
SÖGUMAÐUR
ORÐ
SÍÐA
LJÓÐ
VIÐEIGANDI
SKÁLDSAGA
RÖÐ
HÖRMULEGA

75 - Chocolate

H	Y	W	T	G	X	E	V	E	Z	C	S	S	L	K	T
E	I	N	F	E	R	A	N	U	X	O	D	N	A	S	V
G	D	T	C	Đ	H	N	R	Y	H	X	L	H	X	E	N
K	N	F	A	A	Đ	B	O	R	Đ	A	A	C	U	F	K
H	A	U	J	E	M	M	Y	U	I	M	H	C	H	N	Ó
S	M	D	P	V	I	G	I	M	Đ	A	Á	L	N	I	K
Y	A	L	A	L	A	N	J	L	P	J	P	J	E	K	O
D	R	X	U	K	Z	W	I	I	T	N	P	Ú	T	A	S
X	F	V	K	R	E	V	D	N	A	H	U	F	U	R	H
C	K	Q	X	Z	Q	Z	T	Z	G	B	P	F	M	A	N
G	Æ	Đ	I	B	K	G	L	N	G	A	X	E	A	M	E
S	Æ	T	U	R	R	B	C	U	G	M	R	N	Þ	E	T
K	A	K	Ó	Z	W	A	I	L	W	W	U	G	H	L	A
Q	Đ	L	N	G	T	K	G	T	M	Þ	K	U	L	L	H
G	K	J	Q	L	A	A	K	Đ	U	W	Y	R	H	A	K
C	U	P	P	S	K	R	I	F	T	R	S	A	J	D	S

SYKUR
BITUR
HNETUM
ANDOXUNAREFNI
ILMUR
HANDVERK
KAKÓ
HITAEININGAR
KARAMELLA
KÓKOSHNETA
AÐ BORÐA
LJÚFFENGUR
SÆTUR
FRAMANDI
UPPÁHALDS
BRAGÐ
EFNI
DUFT
GÆÐI
UPPSKRIFT

76 - Governo

L	Y	D	X	Á	R	K	S	R	A	N	R	Ó	J	T	S
E	R	Æ	Đ	U	V	G	T	U	É	L	Ö	G	I	Z	C
I	P	M	U	Ó	Þ	N	J	G	H	T	L	I	H	U	A
Đ	D	Ó	M	S	J	N	Ó	E	U	D	T	T	Á	K	N
T	V	S	A	A	L	Þ	R	L	K	M	W	L	G	Q	C
O	N	J	R	L	S	Đ	N	Đ	J	X	D	U	Æ	K	A
G	R	Á	B	V	M	E	M	Ó	T	B	U	Æ	P	T	Y
I	Í	L	F	E	J	M	Á	J	V	N	G	K	M	L	I
S	K	F	H	R	D	W	L	Þ	X	T	L	J	F	I	Đ
F	I	S	B	O	R	G	A	R	A	L	E	G	R	K	Æ
Đ	S	T	T	B	S	V	Đ	H	D	F	Z	R	I	B	R
L	L	Æ	J	W	Đ	G	Æ	W	P	S	A	P	Đ	R	Đ
A	E	Đ	J	A	F	N	R	É	T	T	I	N	S	P	Ý
T	R	I	E	I	L	K	M	F	L	W	Y	E	Æ	S	L
G	F	Þ	M	U	Þ	C	U	N	D	P	Q	C	L	S	P
M	I	N	N	I	S	M	E	R	K	I	A	J	T	X	B

BORGARALEG
STJÓRNARSKRÁ
LÝÐRÆÐI
RÆÐU
UMRÆÐA
UMDÆMI
RÍKI
JAFNRÉTTI
SJÁLFSTÆÐI
DÓMS
RÉTTLÆTI
LÖG
FRELSI
LEIÐTOGI
MINNISMERKI
ÞJÓÐLEGUR
ÞJÓÐ
FRIÐSÆLT
STJÓRNMÁL
TÁKN

77 - Jardinagem

N	X	B	J	A	R	Đ	V	E	G	U	R	C	T	K	D
N	C	S	O	Q	L	A	U	F	V	C	R	S	F	C	G
D	N	D	G	T	Đ	M	V	K	S	G	J	E	L	Y	S
E	M	P	V	I	A	D	X	S	M	Y	T	I	J	D	B
Í	E	X	Đ	D	M	N	C	F	Æ	B	N	Z	V	Q	D
L	C	R	U	Q	Ó	W	I	G	Z	T	A	L	G	Þ	O
Á	U	O	R	Y	L	Y	Đ	C	L	V	U	O	P	I	N
T	Q	J	B	F	B	Đ	O	D	A	X	X	R	V	K	E
Ó	H	R	E	I	N	I	N	D	I	L	F	E	Ö	A	E
O	Y	A	N	U	G	N	Ö	L	S	T	R	E	N	R	T
F	Đ	F	S	Đ	F	M	O	L	T	A	A	N	D	Đ	O
R	S	R	O	R	G	R	V	A	T	N	M	N	N	G	Þ
L	C	U	L	F	E	Z	Æ	F	N	R	A	K	U	S	N
R	U	Đ	R	A	G	N	I	D	L	A	N	T	G	H	V
I	U	E	B	L	Ó	M	S	T	R	A	D	Þ	E	H	Q
Z	V	V	B	B	W	W	G	O	Z	M	I	Đ	T	F	B

VATN
BOTANICAL
VÖND
VEÐURFAR
ÆTUR
MOLTA
TEGUND
FRAMANDI
BLÓMSTRA
BLÓMA
LAUF
SM
SLÖNGUNA
ALDINGARÐUR
ÍLÁT
OPIN
FRÆ
JARÐVEGUR
ÓHREININDI
RAKI

78 - Profissões #2

G	I	R	V	E	R	K	F	R	Æ	Ð	I	N	G	U	R
I	D	E	I	N	K	A	S	P	Æ	J	A	R	A	Z	W
Y	N	Y	R	A	N	N	S	Ó	K	N	I	R	H	P	L
D	A	E	U	L	X	L	A	Ð	C	B	Ó	N	D	I	Í
T	F	Þ	G	Z	F	J	Y	U	I	L	C	U	S	R	F
G	E	R	N	F	K	S	E	W	R	I	J	Ð	R	A	F
G	G	I	I	J	L	E	F	Þ	I	L	L	X	B	D	R
J	T	N	K	U	Þ	U	N	K	Z	Z	X	I	L	N	Æ
G	Ú	K	E	N	R	W	G	N	D	Z	D	I	A	Y	Ð
Z	K	Æ	P	C	A	J	K	M	A	M	D	O	Ð	M	I
A	V	L	S	N	E	R	L	E	A	R	Q	T	A	S	N
I	K	Ð	M	J	A	Ð	I	Q	E	Ð	I	G	M	Ó	G
S	S	R	I	M	Á	L	A	R	I	C	U	G	A	J	U
Z	Ð	U	E	G	E	I	M	F	A	R	I	R	Ð	L	R
X	R	K	H	L	Æ	K	N	I	K	N	P	U	U	N	A
M	D	S	T	A	N	N	L	Æ	K	N	I	O	R	X	H

BÓNDI
GEIMFARI
LÍFFRÆÐINGUR
SKURÐLÆKNIR
TANNLÆKNI
EINKASPÆJARA
ÚTGEFANDI
VERKFRÆÐINGUR
HEIMSPEKINGUR
LJÓSMYNDARI
TEIKNARI
RANNSÓKNIR
BLAÐAMAÐUR
LÆKNI
FLUGMAÐUR
MÁLARI
KENNARI

79 - Café

Z	U	X	F	E	Z	A	K	F	B	M	C	I	A	Y	E
P	I	B	L	A	X	X	A	Þ	O	O	K	L	Ó	J	M
Q	G	H	J	W	C	D	S	C	X	R	B	M	H	F	N
V	V	X	Ó	Z	Ð	O	D	F	P	G	Ð	U	D	X	B
R	N	C	T	B	R	E	N	N	T	U	O	R	H	U	O
D	E	Q	A	T	U	M	Þ	Ð	Q	N	B	U	E	I	L
K	D	F	N	T	K	A	Q	V	G	N	I	K	N	V	L
F	O	L	D	I	K	L	T	Þ	D	C	T	Y	Y	S	I
A	K	F	I	J	Y	A	R	K	Y	X	U	S	Þ	Y	F
D	J	A	F	R	R	N	A	M	Ó	J	R	B	Þ	Z	A
B	Q	Q	X	Í	D	U	V	N	Ð	B	F	R	C	P	D
U	X	R	W	Þ	N	R	S	Í	A	C	X	A	U	I	L
K	E	J	Þ	R	L	P	D	B	J	I	W	G	G	B	W
G	W	B	E	V	M	P	V	A	T	N	G	Ð	J	C	H
R	Þ	Y	L	S	D	U	J	R	Q	O	U	Y	P	K	R
B	A	C	F	F	J	Ö	L	B	R	E	Y	T	N	I	U

SYKUR
BITUR
ILMUR
BRENNT
VATN
DRYKKUR
KOFFÍN
BOLLI
RJÓMA
SÍA
MJÓLK
FLJÓTANDI
MORGUNN
MALA
UPPRUNA
VERÐ
SVART
BRAGÐ
FJÖLBREYTNI

80 - Negócios

P	H	F	X	W	U	Ð	B	E	T	R	N	O	P	T	K
E	A	S	Y	V	E	R	K	S	M	I	Ð	J	U	Z	O
N	G	V	K	R	U	Ð	A	M	S	F	R	A	T	S	S
I	N	S	I	R	I	Ð	Æ	R	F	G	A	H	U	O	T
N	A	Ö	Z	Ð	I	R	U	J	K	E	T	L	E	R	N
G	Ð	L	A	Ú	S	F	T	D	Q	B	T	X	M	X	A
A	U	U	O	B	T	K	S	Æ	O	Z	A	Ð	F	N	Ð
R	R	V	O	I	Ð	W	I	T	K	F	K	X	M	E	U
Z	U	I	Y	T	F	Z	Z	P	O	I	S	Q	O	I	R
E	T	N	Y	M	V	C	G	W	T	F	T	B	Q	G	F
W	T	G	Z	Ð	N	L	V	V	W	I	A	X	Þ	N	J
Þ	Á	V	I	N	N	U	V	E	I	T	A	N	D	I	Á
G	L	I	R	E	F	P	Ð	Q	R	Q	Þ	Ð	N	N	R
N	S	F	J	Á	R	F	E	S	T	I	N	G	O	R	M
J	F	C	T	W	F	A	D	X	C	S	I	Þ	A	A	Á
M	A	R	O	L	Y	N	P	N	J	T	J	F	B	V	L

FERIL
KOSTNAÐUR
AFSLÁTTUR
PENINGAR
HAGFRÆÐI
STARFSMAÐUR
VINNUVEITANDI
FYRIRTÆKI
SKRIFSTOFA
VERKSMIÐJU
FJÁRMÁL
SKATTAR
FJÁRFESTING
BÚÐ
HAGNAÐUR
VARNINGI
MYNT
TEKJUR
VIÐSKIPTI
SÖLU

81 - Fazenda #2

D	Á	V	E	I	T	U	S	J	B	A	K	I	N	D	E
R	R	S	M	L	J	D	Q	K	L	Ó	J	M	Z	I	O
Á	Á	V	Ö	X	T	U	R	W	O	L	S	A	D	R	Q
T	T	N	T	H	B	I	H	X	G	R	I	Ð	R	I	H
T	Þ	X	B	X	V	Z	A	F	R	U	N	N	Ý	D	N
A	K	X	Z	H	L	Ö	Ð	U	Æ	Ð	Y	K	D	N	Ö
R	U	Ð	A	K	S	O	R	Þ	N	R	T	Z	A	Ó	G
V	E	O	K	W	Z	Ð	Y	P	M	A	Y	I	M	B	U
É	K	N	Q	E	D	W	P	S	E	G	Y	K	A	N	V
L	X	U	G	X	A	N	A	Ð	T	N	Q	U	L	V	V
L	A	M	B	I	D	J	J	A	I	I	T	I	E	V	H
B	Ý	F	L	U	G	N	A	B	Ú	D	Q	Þ	G	T	N
D	Q	P	G	Ð	X	P	C	A	R	L	G	I	X	L	Z
S	R	P	K	A	H	P	D	U	K	A	S	R	T	F	B
Þ	I	W	Z	Y	Q	W	Ð	I	E	Y	M	Y	L	S	W
U	B	Y	G	G	P	J	O	O	D	Ý	R	I	H	Q	Þ

BÓNDI
DÝR
HLÖÐU
BYGG
BÝFLUGNABÚ
LAMB
ÁVÖXTUR
ÁVEITU
MJÓLK
LAMADÝR
ÞROSKAÐUR
KORN
KIND
HIRÐIR
ÖND
ALDINGARÐUR
ENGI
DRÁTTARVÉL
HVEITI
GRÆNMETI

82 - Jardim

A	L	D	I	N	G	A	R	Đ	U	R	Y	T	K	M	S
A	W	V	M	G	Đ	Q	I	B	K	O	S	J	Y	R	L
J	T	T	L	D	T	V	E	R	Ö	N	D	Ö	T	M	Ö
D	A	H	A	W	R	Ö	Q	N	B	U	M	R	X	Đ	N
Đ	F	R	I	W	É	J	L	D	U	T	Þ	N	G	J	G
S	Í	K	Đ	G	I	W	B	F	W	Z	Þ	M	I	R	U
H	R	E	U	V	S	C	L	M	S	Þ	Q	Q	R	U	N
F	H	S	U	B	E	R	Ó	S	M	A	L	Đ	Đ	K	A
G	A	R	Đ	U	R	G	M	P	W	X	R	G	I	K	H
U	C	Þ	Y	E	G	Þ	U	M	Ú	R	I	G	N	E	H
Z	Q	E	X	M	L	Z	Q	R	A	Ú	H	M	G	B	J
I	J	H	Q	E	L	I	E	O	G	K	L	Þ	E	Þ	J
D	U	R	H	Y	I	R	L	F	R	S	O	B	Đ	N	H
T	R	A	M	P	Ó	L	Í	N	A	L	O	M	G	R	A
V	Í	N	V	I	Đ	U	R	K	S	Í	G	W	N	I	F
P	D	F	I	Y	G	W	I	U	M	B	J	P	Q	J	Đ

HRÍFA
BUSH
TRÉ
BEKKUR
GIRÐING
ILLGRESI
BLÓM
BÍLSKÚR
GRAS
GRASFLÖT

GARÐUR
TJÖRN
HENGIRÚM
SLÖNGUNA
MOKA
ALDINGARÐUR
JARÐVEGUR
VERÖND
TRAMPÓLÍN
VÍNVIÐUR

83 - Oceano

S	J	Á	V	A	R	F	Ö	L	L	R	I	F	O	K	L
U	H	M	Y	Y	M	S	L	E	E	K	M	N	H	V	R
K	M	A	R	G	L	Y	T	T	A	O	N	Þ	Ð	Ð	M
H	O	K	P	S	L	K	W	L	S	S	X	B	V	X	Z
Á	T	L	R	T	Á	S	B	A	R	T	X	L	B	S	Q
K	V	L	K	T	P	W	T	S	C	R	U	L	A	V	H
A	Y	A	N	R	S	V	S	O	L	A	C	N	S	P	C
R	D	R	U	U	A	Q	F	F	R	K	R	A	B	B	I
L	Þ	Ó	A	P	L	B	K	I	N	M	I	J	Ð	V	E
R	J	K	L	M	B	D	B	R	S	S	U	O	T	R	Q
Æ	P	Ð	V	A	E	D	E	I	Q	K	P	R	I	T	M
K	Q	C	X	V	N	P	F	A	G	N	U	R	Ö	Þ	G
J	B	X	M	S	C	D	F	Ð	V	R	Þ	R	H	J	R
A	H	Ö	F	R	U	N	G	U	R	U	T	Á	B	Ð	G
T	Ú	N	F	I	S	K	U	R	V	W	D	A	N	P	X
K	G	T	X	Z	A	S	K	J	A	L	D	B	A	K	A

ÞÖRUNGA
TÚNFISKUR
HVALUR
BÁTUR
RÆKJA
KRABBI
KÓRALL
ÁLL
SVAMPUR
HÖFRUNGUR

SJÁVARFÖLL
MARGLYTTA
OSTRA
FISKUR
KOLKRABBI
RIF
SALT
SKJALDBAKA
STORMUR
HÁKARL

84 - Profissões #1

L	I	S	T	A	M	A	Ð	U	R	Í	K	W	D	J	P
K	L	Æ	Ð	S	K	E	R	I	M	Þ	D	S	A	A	Í
V	W	T	M	D	V	U	U	F	A	R	O	Á	N	R	A
V	E	I	Ð	I	M	A	Ð	U	R	Ó	V	L	S	Ð	N
S	D	R	Þ	K	K	F	A	L	R	T	Í	F	A	F	Ó
K	Ý	Ó	J	R	Z	Q	M	Ð	E	T	S	R	R	R	L
A	R	J	Á	I	F	I	Ó	L	H	A	I	Æ	I	Æ	E
R	A	T	L	V	V	F	J	Æ	I	M	N	Ð	F	Ð	I
T	L	S	F	L	S	Ð	S	K	D	A	D	I	B	I	K
G	Æ	T	A	É	Ö	P	C	N	N	Ð	A	N	N	N	A
R	K	I	R	V	T	G	B	I	E	U	M	G	L	G	R
I	N	R	I	F	Q	I	M	R	S	R	A	U	G	U	I
P	I	L	X	V	B	S	I	A	W	L	Ð	R	Þ	R	K
I	R	G	E	Þ	S	C	O	O	Ð	K	U	K	A	Þ	Z
R	B	N	L	L	A	O	X	N	N	U	R	T	U	Z	S
B	A	N	K	A	S	T	J	Ó	R	I	R	I	J	Q	Y

LÖGMAÐUR
KLÆÐSKERI
LISTAMAÐUR
ÍÞRÓTTAMAÐUR
BANKASTJÓRI
VEIÐIMAÐUR
VÍSINDAMAÐUR
DANSARI
LÆKNIR
RITSTJÓRI
SENDIHERRA
JARÐFRÆÐINGUR
SKARTGRIPIR
SJÓMAÐUR
VÉLVIRKI
PÍANÓLEIKARI
SÁLFRÆÐINGUR
ÞJÁLFARI
DÝRALÆKNIR

85 - Força e Gravidade

S	D	E	S	C	Z	R	U	F	C	F	N	Ð	I	M	Q
T	Á	Ð	H	T	B	V	O	B	A	J	Ð	I	M	K	S
Æ	P	L	R	U	Æ	J	L	E	F	A	G	M	G	I	C
K	V	I	A	A	B	R	I	Ð	Æ	R	F	L	É	V	K
K	D	S	Ð	R	T	M	Ð	J	M	L	Þ	T	Y	K	Þ
U	D	F	I	B	E	W	E	I	F	Æ	D	C	Í	P	G
N	Þ	R	A	R	I	K	K	A	R	G	P	Þ	B	M	N
S	Y	Æ	L	O	G	O	Ð	Q	B	Ð	A	Y	G	B	I
E	N	Ð	H	P	N	H	R	E	Y	F	I	N	G	F	N
G	G	I	L	S	I	U	P	P	G	Ö	T	V	U	N	Ú
U	D	R	I	I	R	U	G	N	I	T	S	Ý	R	Þ	N
L	X	X	Ð	V	F	H	A	Á	H	R	I	F	J	I	V
M	Þ	C	A	D	F	J	F	P	H	B	Þ	P	D	Þ	D
A	Y	Z	S	W	Ð	K	Q	T	P	Z	U	U	V	F	S
G	P	Z	C	U	P	V	Q	O	J	G	U	Q	K	Z	W
N	H	U	R	H	D	F	W	E	W	W	R	G	T	D	I

NÚNING
MIÐJA
UPPGÖTVUN
KVIK
FJARLÆGÐ
ÁS
STÆKKUN
EÐLISFRÆÐI
ÁHRIF
SEGULMAGN
STÆRÐ
VÉLFRÆÐI
HREYFING
SPORBRAUT
ÞYNGD
ÞRÝSTINGUR
EIGNIR
HRAÐI
TÍMI
ALHLIÐA

86 - Abelhas

L	G	V	W	L	J	Þ	T	X	M	S	V	Y	Z	G	M
T	D	A	R	T	S	M	Ó	L	B	K	B	Æ	U	E	P
R	P	X	Y	B	Ú	S	V	Æ	Ð	I	R	E	N	I	M
E	U	W	J	H	K	P	T	T	X	V	B	T	H	G	I
W	G	X	V	F	T	R	N	R	O	K	Ó	J	R	F	I
X	Y	G	A	R	Ð	U	R	Z	G	F	L	R	B	O	F
P	L	Ö	N	T	U	R	Ý	D	R	O	K	S	Ý	Z	R
C	B	N	T	E	X	J	D	Ð	T	X	X	T	F	V	E
Y	Z	L	G	A	G	N	L	E	G	D	W	F	L	N	K
N	Þ	Ó	Ó	Á	I	F	X	A	G	N	A	N	U	H	T
L	V	S	Z	M	V	F	Þ	Y	U	H	J	Z	G	U	S
V	I	T	P	K	Y	Ö	X	O	M	Q	X	V	N	Z	I
R	Þ	C	W	U	J	X	X	S	E	I	E	J	A	D	V
Y	D	J	J	G	N	I	N	T	T	O	R	D	B	B	O
R	E	Y	K	U	R	U	M	D	U	C	D	S	Ú	I	N
T	C	S	M	P	I	N	T	Y	E	R	B	L	Ö	J	F

VÆNGI
GAGNLEG
VAX
BÝFLUGNABÚ
FJÖLBREYTNI
VISTKERFI
KVIK
BLÓMSTRA
BLÓM
ÁVÖXTUR
REYKUR
BÚSVÆÐI
SKORDÝR
GARÐUR
HUNANG
PLÖNTUR
FRJÓKORN
DROTTNING
SÓL

87 - Comida #1

W	L	R	E	B	R	A	Ð	R	A	J	P	E	Þ	Y	V
Q	D	U	D	A	U	O	S	M	T	P	U	W	Z	X	B
K	X	K	Z	S	K	L	Ó	J	M	Þ	N	O	W	S	Q
E	P	U	T	I	S	A	R	U	Y	Ð	Ó	P	F	Ð	F
L	V	A	V	L	I	K	S	Y	K	U	R	S	A	F	A
J	G	L	L	V	F	E	W	O	T	K	T	A	L	A	S
P	F	T	N	Y	N	W	B	C	A	M	Í	E	I	Ð	P
P	J	Í	L	J	Ú	K	Þ	C	N	O	S	W	N	Z	A
S	Þ	V	N	A	T	A	P	R	Í	K	Ó	S	A	H	J
K	Ú	H	O	C	U	L	J	D	P	S	G	M	K	Q	I
Y	D	P	S	Z	A	K	W	B	S	A	L	T	C	H	X
A	O	C	A	R	N	X	U	K	A	K	A	Ó	F	T	H
Z	L	H	G	H	Æ	V	O	R	R	Ð	F	R	W	B	K
A	E	T	L	Ð	P	M	X	U	I	L	X	L	Þ	H	O
Z	Z	D	M	B	A	A	K	H	M	F	I	U	V	D	T
J	F	K	W	F	P	Z	S	P	G	Y	A	G	G	Y	B

SYKUR
HVÍTLAUKUR
HNETU
TÚNFISKUR
KAKA
KANIL
LAUKUR
GULRÓT
BYGG
APRÍKÓSA
SPÍNAT
MJÓLK
SÍTRÓNU
BASIL
JARÐARBER
NÆPA
SALT
SALAT
SÚPA
SAFA

88 - Geometria

Y	J	L	T	I	S	S	E	M	T	K	Y	M	W	K	R
A	H	Ó	I	I	A	U	Ð	Ð	M	K	H	B	F	K	Ö
W	X	Ð	X	R	M	N	T	D	O	T	T	M	Þ	R	K
E	V	R	X	V	H	B	T	V	Ð	P	M	Ð	U	U	F
I	H	É	V	P	V	U	S	F	T	Ð	H	S	Ð	G	R
M	Æ	T	E	I	E	D	T	L	E	K	H	O	R	N	Æ
V	Ð	T	T	F	R	E	Ð	G	N	I	R	H	J	I	Ð
H	Í	E	E	J	F	J	Þ	N	M	H	G	G	A	N	I
J	I	D	K	A	U	Y	F	I	R	B	O	R	Ð	R	D
S	O	E	D	F	L	V	K	N	T	A	C	Þ	I	Y	L
S	G	N	I	N	N	E	K	K	T	U	L	F	L	H	I
Þ	Þ	X	B	A	M	Ð	R	I	É	W	L	Þ	H	Í	G
H	L	U	T	F	A	L	L	E	R	Þ	I	H	M	R	Ð
Þ	V	E	R	M	Á	L	D	R	Á	J	R	K	A	Þ	I
A	Z	L	I	I	Þ	O	R	T	L	Z	E	E	S	P	M
P	Z	Y	T	L	V	M	L	Ú	Q	F	F	U	S	Q	Y

HÆÐ
HORN
ÚTREIKNING
HRING
FERILL
ÞVERMÁL
VÍDD
JAFNA
LÁRÉTT
RÖKFRÆÐI
MESSI
MIÐGILDI
SAMHLIÐA
HLUTFALL
HLUTI
SAMHVERFU
YFIRBORÐ
KENNING
ÞRÍHYRNINGUR
LÓÐRÉTT

89 - Pássaros

M	P	E	K	L	D	K	G	A	L	S	Ð	P	K	F	F
S	Á	E	P	Á	F	A	G	A	U	K	U	R	M	B	L
P	T	F	L	F	Ð	K	H	S	H	B	S	I	H	K	A
A	Z	T	U	I	K	S	J	S	T	R	Ú	T	U	R	M
R	Þ	E	T	R	C	L	E	Ú	W	Þ	T	O	H	F	I
R	H	R	J	P	L	A	M	B	K	J	Q	Þ	E	F	N
O	N	W	G	U	S	K	N	R	Ö	L	Ö	N	D	V	G
W	S	Æ	G	Z	G	Á	R	M	V	G	I	E	Q	N	O
V	T	O	S	D	D	R	Z	X	Z	G	P	N	J	M	Q
N	O	R	E	H	B	K	C	O	C	A	E	P	G	T	Z
J	R	S	V	A	N	U	R	B	H	U	P	I	G	U	B
A	K	Æ	T	O	U	C	A	N	Ð	K	T	X	C	G	R
V	U	G	R	P	E	Y	J	Þ	D	U	D	Ð	C	F	A
Z	R	R	C	H	K	R	J	E	K	R	N	J	K	F	C
U	Ð	Ö	K	A	N	A	R	Í	F	U	G	L	E	G	G
S	T	M	Ð	U	K	Ð	W	Y	G	V	A	G	S	L	O

STRÚTUR
ÖRN
KANARÍFUGL
STORKUR
SVANUR
KRÁKA
GAUKUR
FLAMINGO
KJÚKLINGUR
MÁFUR
GÆS
HERON
EGG
PÁFAGAUKUR
SPARROW
ÖND
PEACOCK
PELICAN
MÖRGÆS
TOUCAN

90 - Literatura

Z	H	F	G	L	Í	T	S	Þ	E	N	P	S	B	Y	L
R	U	Ð	R	U	B	N	A	M	A	S	F	Ö	A	D	Í
E	H	Þ	N	E	J	H	V	K	X	G	G	G	V	F	K
A	M	E	Þ	G	B	V	X	H	T	H	H	U	L	E	I
Ð	G	R	E	I	N	I	N	G	E	U	C	M	Q	E	N
A	M	Y	N	D	L	Í	K	I	N	G	R	A	Z	H	G
T	R	S	K	Á	L	D	S	A	G	A	Á	Ð	C	Q	A
S	Q	E	W	U	L	U	Q	H	N	U	L	U	Ó	A	R
R	U	D	N	U	F	Ö	H	P	I	Ð	I	R	G	J	Q
U	Í	N	C	R	L	I	B	M	S	Æ	T	P	W	N	L
Ð	J	M	C	Q	V	L	X	X	Ý	R	M	O	E	K	Q
I	U	Æ	V	I	S	A	G	A	L	M	T	I	I	V	N
N	S	K	Á	L	D	S	K	A	P	U	R	R	D	R	Þ
X	Y	N	Z	O	O	Q	U	P	T	Z	Þ	R	I	P	L
R	R	G	W	C	J	O	Ð	J	C	S	V	Þ	J	Y	S
H	A	R	M	L	E	I	K	U	R	I	L	I	E	C	G

LÍKINGAR
GREINING
E.
HÖFUNDUR
ÆVISAGA
SAMANBURÐUR
NIÐURSTAÐA
LÝSING
UMRÆÐU
STÍL
SKÁLDSKAPUR
MYNDLÍKING
SÖGUMAÐUR
ÁLIT
LJÓÐ
RÍM
TAKTUR
SKÁLDSAGA
ÞEMA
HARMLEIKUR

91 - Química

C	Þ	U	Y	A	R	Ý	S	P	R	U	Þ	Þ	G	Z	M
C	Þ	Ð	W	U	T	N	Æ	R	F	Í	L	Æ	S	A	Í
K	O	L	E	F	N	I	I	Ú	R	P	Y	T	A	Þ	S
I	E	Ð	M	N	C	J	H	S	M	Q	W	T	M	Y	N
C	E	X	U	K	R	O	N	R	A	J	K	I	E	N	E
V	D	F	T	L	A	S	Ó	S	Ó	V	Q	D	I	G	U
S	Q	V	E	E	F	M	J	Y	V	L	W	N	N	D	P
H	Ð	U	F	A	E	X	F	S	G	Þ	K	A	D	M	E
G	N	F	C	U	I	N	T	E	V	I	Þ	T	X	A	N
I	V	N	I	K	N	N	A	Q	I	O	Ð	Ó	T	H	J
T	L	Y	P	T	D	P	U	Z	Z	S	N	J	Ð	K	Þ
S	Ú	R	E	F	N	I	T	A	V	H	E	L	S	P	A
A	C	N	F	G	H	K	G	G	N	L	B	F	D	B	S
T	N	Q	W	N	Ð	W	X	I	J	A	N	G	Z	O	Z
I	H	Z	H	M	S	H	V	B	F	K	S	N	F	L	K
H	J	G	P	P	R	J	B	T	J	B	S	X	W	M	H

SÚR
SÝRA
HITA
KOLEFNI
HVATI
KLÓR
ÞÆTTI
RAFEIND
ENSÍM
GAS
VETNI
JÓN
FLJÓTANDI
SAMEIND
KJARNORKU
LÍFRÆNT
SÚREFNI
ÞYNGD
SALT
HITASTIG

92 - Clima

V	W	P	K	M	U	E	V	P	L	C	J	G	S	M	A
I	X	Y	M	C	J	R	U	M	U	R	Þ	U	G	V	Ð
N	R	I	V	O	M	U	X	Q	Ð	H	B	B	V	K	K
D	Þ	U	E	L	Á	M	N	R	Ó	J	T	S	S	K	Ý
U	Þ	J	Ð	A	R	R	O	Y	J	Þ	D	Í	M	X	H
R	Q	P	U	C	A	O	S	N	T	O	R	N	A	D	O
V	F	F	R	I	K	T	Y	M	S	P	X	A	Y	G	F
H	X	U	F	P	R	S	Y	O	O	Ú	Þ	E	N	P	X
R	I	B	A	O	R	N	V	I	E	N	N	I	M	I	H
E	E	T	R	R	U	L	Y	B	I	L	L	E	F	Þ	Ð
G	X	L	A	T	Þ	Þ	T	M	D	K	H	J	B	Ó	K
N	N	U	D	S	D	Ð	D	V	G	O	L	A	N	K	Y
B	Þ	Y	K	I	T	U	Y	K	I	B	V	U	Ð	A	S
O	F	G	I	D	N	I	P	O	L	A	R	V	G	H	T
G	T	Þ	T	M	I	G	G	Þ	U	R	R	T	F	Y	Þ
I	P	H	H	B	V	H	A	Þ	K	T	N	I	E	P	K

REGNBOGI
STJÓRNMÁL
GOLA
HIMINN
VEÐURFAR
FELLIBYLUR
ÍS
MONSÚN
ÞÓKA
SKÝ
POLAR
ELDING
ÞURRKAR
ÞURRT
HITASTIG
STORMUR
TORNADO
TROPICAL
ÞRUMUR
VINDUR

93 - Arte

H	Đ	E	W	K	Z	Z	Y	E	K	F	D	X	R	K	O
H	Ö	L	Z	P	L	F	Þ	N	E	A	D	M	T	Y	R
E	L	G	Ý	C	Q	U	E	L	R	L	S	E	G	Đ	I
I	J	S	G	S	B	U	H	G	A	E	V	Þ	E	S	G
Đ	Ó	J	P	M	A	Y	U	V	M	A	P	G	L	Ú	I
A	Đ	Ó	B	B	Y	I	T	N	I	P	E	N	U	R	N
R	W	N	A	B	I	N	F	E	K	Þ	B	I	N	R	L
L	Y	R	Q	B	R	K	D	N	Y	M	J	N	Ó	E	E
E	E	Æ	F	R	X	Á	Q	X	H	L	B	T	S	A	G
G	W	N	Z	O	R	T	L	A	F	N	I	E	R	L	T
U	M	Á	L	V	E	R	K	R	K	Z	B	S	E	I	Y
R	R	U	T	S	Á	L	B	N	N	I	O	M	P	S	O
Þ	D	U	N	G	K	D	X	P	O	B	R	A	W	M	U
E	A	E	J	X	C	A	Q	F	F	H	Þ	S	M	I	K
J	F	Y	B	X	E	W	P	Đ	L	Q	I	Q	Đ	S	V
Þ	P	Z	C	V	T	Þ	O	B	B	F	L	Ó	K	I	Đ

KERAMIK
FLÓKIÐ
SAMSETNING
HÖGGMYND
SEGÐ
MYND
HEIÐARLEGUR
SKAP
INNBLÁSTUR
ORIGINLEGT
PERSÓNULEGT
MÁLVERK
LJÓÐ
LÝSA
EINFALT
TÁKN
EFNI
SÚRREALISMI
SJÓNRÆN

94 - Diplomacia

H	E	I	L	I	N	D	I	Ö	O	T	Y	L	H	C	D
S	E	N	D	I	R	Á	Ð	R	C	I	G	M	P	V	I
E	B	A	T	N	U	T	K	Y	L	Á	H	I	L	L	P
E	Y	Y	A	N	F	Þ	N	G	V	S	W	H	A	Ð	L
G	D	C	A	T	Ð	C	Ð	G	F	W	G	K	U	H	O
F	R	A	T	S	M	A	S	I	O	S	V	S	S	S	M
B	S	R	U	S	T	J	Ó	R	N	M	Á	L	N	I	A
O	Á	R	N	R	Ó	J	T	S	S	I	K	Í	R	Ð	T
R	T	E	G	U	S	P	L	W	Ð	Þ	Ð	T	C	F	I
G	T	H	U	H	M	A	I	T	Æ	L	T	T	É	R	C
A	M	I	M	X	P	R	M	P	X	G	U	W	D	Æ	D
R	Á	D	Á	Q	Q	Z	Æ	F	V	N	N	Ð	P	Ð	F
A	L	N	L	I	T	B	C	Ð	É	Ð	Á	N	L	I	B
R	I	E	D	D	Z	X	N	F	A	L	D	T	B	H	T
G	O	S	M	A	N	N	R	Æ	Ð	I	A	M	Ö	Q	N
R	Á	Ð	G	J	A	F	I	W	E	G	K	G	L	K	P

BORGARAR
SAMFÉLAG
ÁTÖK
RÁÐGJAFI
SAMSTARF
DIPLOMATIC
UMRÆÐA
SENDIRÁÐ
SENDIHERRA
SIÐFRÆÐI
RÍKISSTJÓRN
MANNRÆÐI
HEILINDI
RÉTTLÆTI
TUNGUMÁL
STJÓRNMÁL
ÁLYKTUN
ÖRYGGI
LAUSN
SÁTTMÁLI

95 - Comida # 2

E	K	O	H	I	T	R	A	N	E	S	O	V	S	H	J
S	G	G	Đ	N	Đ	D	Q	Đ	L	G	C	I	G	A	Ó
W	V	G	K	J	Ú	K	L	I	N	G	U	R	A	C	G
B	H	E	A	K	N	I	K	S	Þ	V	U	H	G	O	Ú
A	S	R	P	L	S	Ú	K	K	U	L	A	Đ	I	S	R
N	P	U	Í	P	D	V	S	Q	B	W	L	Q	R	T	T
A	E	K	U	S	I	I	T	I	E	V	H	K	E	U	L
N	R	S	H	D	G	R	N	T	M	Ö	N	L	U	R	Q
I	G	I	X	Q	Y	R	V	A	Þ	M	F	I	C	E	G
L	I	F	Z	K	K	E	J	M	Đ	U	S	T	Y	B	W
P	L	H	O	J	L	B	L	Ó	H	E	D	W	B	U	Þ
E	K	I	Q	L	M	N	I	T	N	O	H	U	P	S	N
M	Á	H	I	J	Z	Í	M	B	O	V	F	N	Q	R	S
I	L	K	Í	V	Í	V	K	Y	H	R	Y	M	W	I	Þ
A	N	L	I	U	B	J	O	I	G	Q	B	I	M	K	T
Đ	G	V	G	U	Q	K	G	K	H	D	J	S	H	A	V

ARTIHOKE
MÖNLU
HRÍSGRJÓN
BANANI
EGGALDIN
SPERGILKÁL
KIRSUBER
SÚKKULAÐI
SVEPPIR
KJÚKLINGUR

JÓGÚRT
KÍVÍ
EPLI
EGG
FISKUR
SKINKA
OSTUR
TÓMAT
HVEITI
VÍNBER

96 - Universo

C	J	S	M	Á	S	T	I	R	N	I	F	M	N	Þ	S
Y	O	A	L	D	R	Y	I	A	V	D	S	I	D	X	J
E	V	S	R	P	Þ	E	M	F	U	H	T	Ð	I	Ð	Ó
N	J	Y	M	Ð	T	B	Q	U	R	I	J	B	N	V	N
K	C	L	R	I	A	O	Q	S	P	M	Ó	A	Z	T	A
H	N	X	O	H	C	R	V	L	O	N	R	U	Ð	V	U
I	L	K	A	I	R	D	D	Ð	X	E	N	G	Q	O	K
M	N	P	L	W	Ð	D	P	T	D	T	M	U	L	U	I
I	S	Ó	L	S	T	Ö	Ð	U	R	I	Á	R	E	O	N
N	S	G	A	L	A	X	Y	A	Q	D	L	G	N	U	T
N	C	Ý	H	Ó	Z	F	C	R	K	A	D	N	T	J	K
M	I	F	N	S	C	I	O	B	D	Ý	R	I	R	I	F
G	I	Y	C	L	X	L	T	R	B	R	E	I	D	D	G
M	Þ	Y	V	N	E	E	Y	O	U	N	H	J	E	K	X
P	Þ	Y	V	A	Q	G	U	P	Y	F	U	D	Z	M	H
Ð	R	O	E	Q	Þ	I	T	S	D	Y	T	W	I	S	V

SMÁSTIRNI
STJÓRNMÁL
HIMNETI
HIMINN
COSMIC
EON
MIÐBAUGUR
GALAXY
JARÐAR

HALLA
BREIDD
TUNGL
SPORBRAUT
SÓL
SÓLSTÖÐUR
SJÓNAUKI
SÝNLEGT
DÝRIR

97 - Jazz

F	H	L	S	P	U	N	I	B	I	Á	L	Y	Z	X	A
R	Æ	I	M	S	Y	K	N	H	E	H	U	A	I	N	R
Æ	F	S	W	X	U	A	F	S	A	E	T	P	G	R	D
G	I	T	D	T	N	Y	P	B	G	R	E	K	W	J	I
U	L	A	G	G	K	Z	V	Þ	D	S	G	I	M	N	A
R	E	M	Y	B	G	F	L	S	Z	L	U	N	Ý	T	T
T	I	A	T	Ó	N	L	I	S	T	A	N	K	C	R	G
Ó	K	Ð	A	A	I	Í	T	B	X	W	D	Æ	Ð	H	E
N	I	U	L	S	N	T	R	F	T	A	K	T	U	R	F
S	O	R	S	R	T	S	O	W	I	M	Ð	L	T	A	T
K	F	Þ	X	E	E	Q	M	N	C	G	D	L	Ö	R	I
Á	T	B	P	I	S	M	M	W	Þ	A	O	P	L	N	R
L	Þ	Y	J	W	M	Þ	U	M	O	M	S	O	P	U	L
D	K	T	S	G	A	D	R	X	D	A	Z	X	F	I	Æ
H	L	J	Ó	M	S	V	E	I	T	L	O	Q	D	A	T
T	Ó	N	L	E	I	K	A	R	C	L	R	D	Þ	Z	I

LISTAMAÐUR
PLÖTU
TROMMUR
LAG
SAMSETNING
TÓNSKÁLD
TÓNLEIKAR
STÍL
ÁHERSLA
FRÆGUR
EFTIRLÆTI
TEGUND
SPUNI
TÓNLIST
NÝTT
HLJÓMSVEIT
TAKTUR
HÆFILEIKI
TÆKNI
GAMALL

98 - Barcos

E	Đ	S	X	T	U	S	W	G	S	L	W	F	J	F	F
X	E	L	T	E	F	E	R	J	A	L	Þ	H	W	J	J
F	R	D	H	M	G	N	O	Q	W	O	D	O	E	O	I
F	L	E	K	I	F	M	S	Y	Y	Z	S	R	A	L	O
A	A	A	V	D	P	X	T	L	R	Ö	C	B	Z	H	O
H	S	K	S	I	N	R	Ö	W	B	L	C	R	E	Þ	X
H	J	G	K	N	R	M	Đ	Đ	X	D	E	Y	X	M	J
Þ	Ó	G	N	E	Q	I	U	S	Ó	U	G	G	V	É	L
Đ	M	Þ	R	R	R	P	V	H	N	R	Þ	G	Y	O	W
Z	A	Y	L	F	A	I	A	U	A	E	O	J	K	N	Á
M	N	S	R	J	Đ	E	T	K	K	I	K	U	H	Z	H
N	N	Đ	L	Ö	Þ	R	N	P	Đ	E	J	K	L	P	Ö
I	A	B	Đ	R	U	T	S	A	M	A	R	X	J	Þ	F
T	M	P	R	U	Đ	A	M	Ó	J	S	E	I	J	U	N
G	K	Y	N	P	O	A	K	J	F	P	K	A	J	A	K
R	J	S	I	R	Đ	Þ	J	S	Đ	B	Q	B	E	B	C

AKKERI
FERJA
BAU
KAJAK
KANÓ
REIPI
BRYGGJU
SNEKKJU
FLEKI
STÖÐUVATN
SJÓ
FJÖRU
SJÓMAÐUR
MASTUR
VÉL
SJÓMANNA
HAF
ÖLDUR
RIVER
ÁHÖFN

99 - Mamíferos

G	X	J	O	R	G	K	Þ	B	T	B	G	A	A	K	N
X	H	O	I	B	L	U	B	E	X	I	T	Q	Þ	P	K
P	J	B	E	K	Đ	D	Þ	A	N	Í	N	A	K	R	Đ
M	F	L	Q	P	H	D	V	V	L	P	G	R	S	M	I
Þ	Y	Í	W	I	H	Þ	C	E	S	L	U	H	V	R	I
A	G	Z	L	L	J	Ó	N	R	L	V	I	Q	M	P	Þ
B	R	U	L	A	V	H	M	Z	É	Þ	P	R	I	H	U
T	U	U	N	A	U	T	J	N	T	U	A	U	Ó	E	N
I	T	B	F	T	T	I	Z	T	T	F	Z	L	X	G	F
K	S	D	C	E	I	F	F	P	U	H	U	N	D	U	R
K	E	N	G	Ú	R	A	O	F	Ú	A	E	Y	Z	J	Z
Z	H	I	F	F	A	R	Í	G	L	K	P	H	E	J	M
D	Þ	K	K	L	A	D	L	A	F	L	Ú	T	B	X	Þ
H	Ö	F	R	U	N	G	U	R	U	F	L	Ú	R	E	P
L	K	M	S	C	H	A	Þ	N	R	G	L	W	A	X	F
C	K	Ö	T	T	U	R	P	N	W	T	I	C	L	Đ	B

HVALUR
ÚLFALDA
KENGÚRA
BEAVER
HESTUR
HUNDUR
KANÍNA
SLÉTTUÚLFUR
FÍL
KÖTTUR
GÍRAFFI
HÖFRUNGUR
GÓRILLA
LJÓN
ÚLFUR
API
KIND
REFUR
NAUT
ZEBRA

100 - Atividades e Lazer

R	M	L	I	U	F	G	V	S	Z	V	S	H	R	M	D
P	Z	V	X	C	Y	A	Z	E	C	R	H	N	Ð	Á	E
D	X	Þ	S	P	P	R	X	L	I	I	O	E	D	L	I
H	U	W	R	V	Ð	Ð	Q	H	D	Ð	Þ	F	K	V	E
Y	W	E	T	T	W	Y	W	A	N	R	I	A	Ö	E	X
Á	I	B	G	R	X	R	V	F	A	E	T	L	R	R	K
R	H	G	O	L	F	K	J	N	P	F	L	E	F	K	A
C	N	U	B	Ð	N	J	Z	A	P	U	O	I	U	A	P
Z	U	G	G	M	K	A	L	B	A	G	B	K	B	C	P
O	Y	P	Z	A	F	Q	Þ	O	L	N	T	A	O	A	A
S	L	G	A	B	M	Þ	V	L	S	Ö	Ó	R	L	Ð	K
S	I	N	N	E	T	Á	S	T	F	G	F	V	T	Æ	S
Q	U	L	I	S	T	Z	L	I	A	Y	Y	C	I	J	T
X	K	N	U	F	Ö	K	K	F	E	R	Ð	A	S	T	U
K	D	N	D	U	F	E	G	F	G	I	I	D	I	Ú	R
Y	H	W	Ð	Y	Þ	E	X	V	G	N	L	Ð	R	F	Z

ÚTJÆÐA
LIST
KÖRFUBOLTI
HAFNABOLTI
HNEFALEIKAR
GÖNGUFERÐIR
KAPPAKSTUR
FÓTBOLTI
GOLF
ÁHUGAMÁL
GARÐYRKJA
KÖFUN
SUND
VEIÐI
MÁLVERK
AFSLAPPANDI
TENNIS
FERÐAST
BLAK

1 - Dirigindo

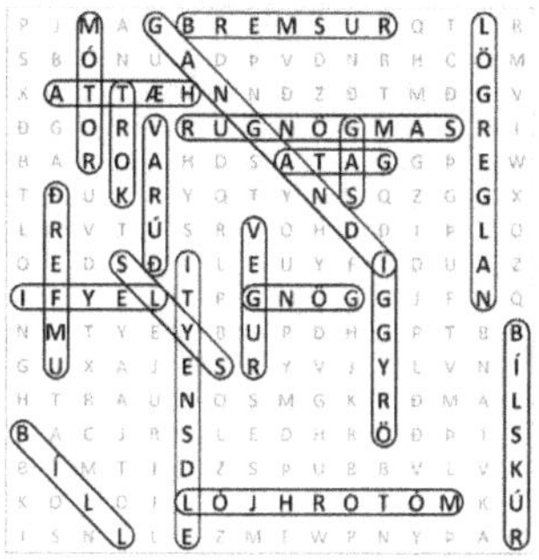

2 - Antiguidades

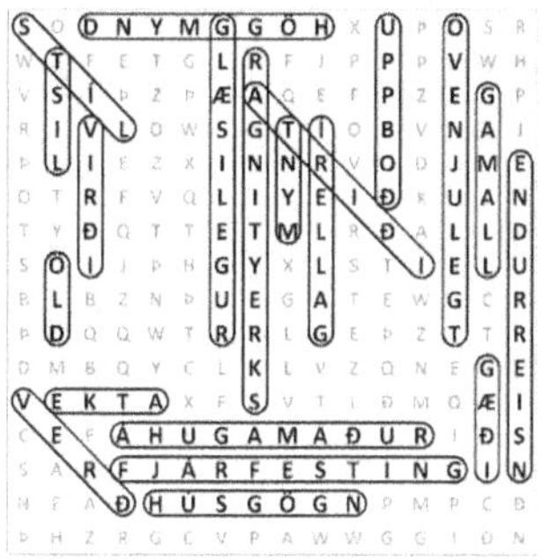

3 - Churrascos

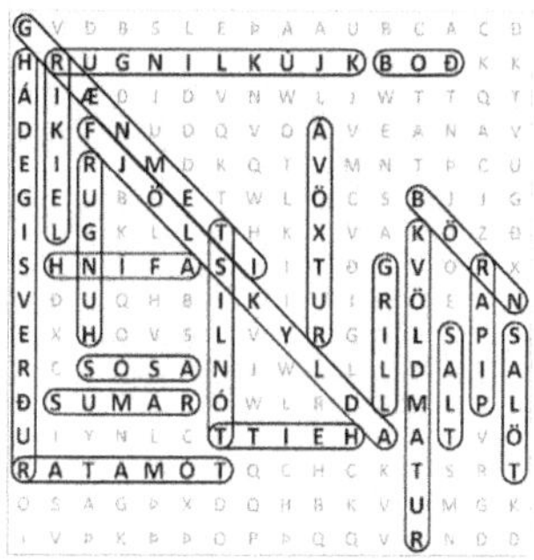

4 - Pesca

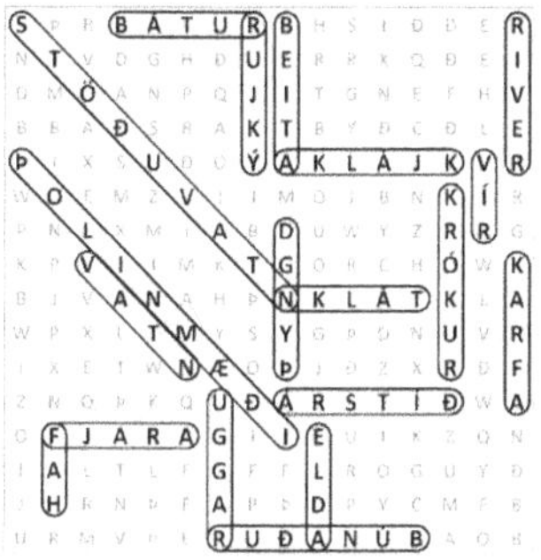

5 - Geologia

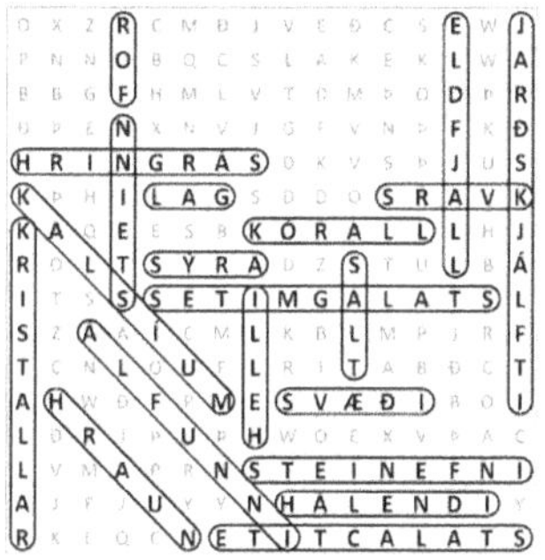

6 - Ética

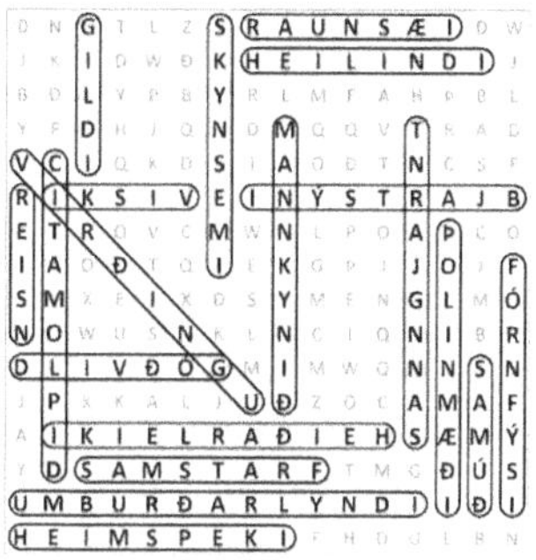

7 - Tempo

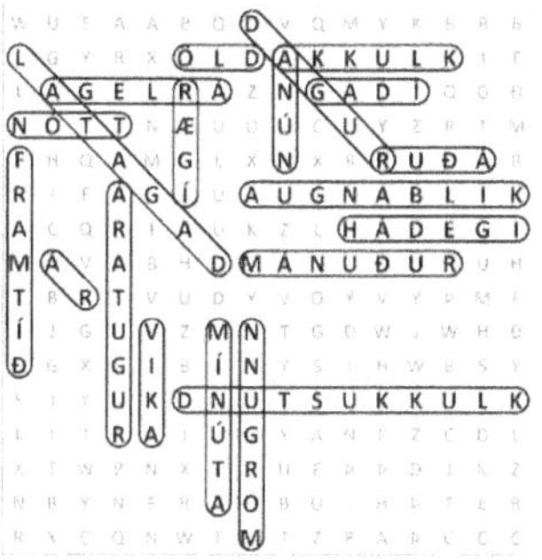

8 - Astronomia

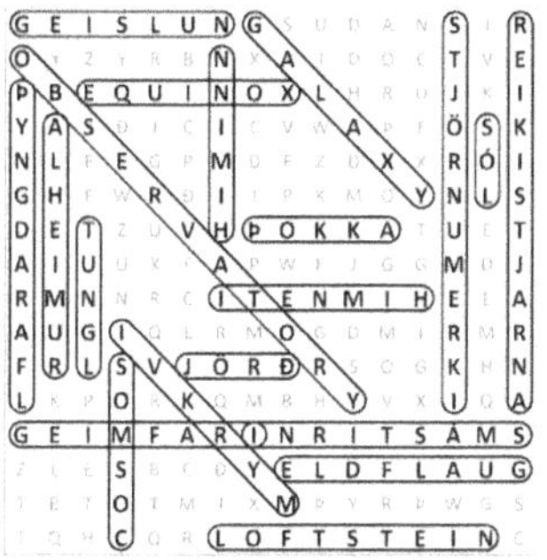

9 - Acampamento

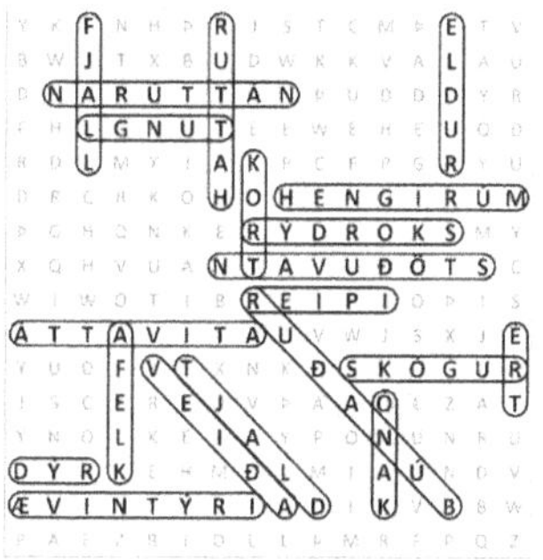

10 - Emoções

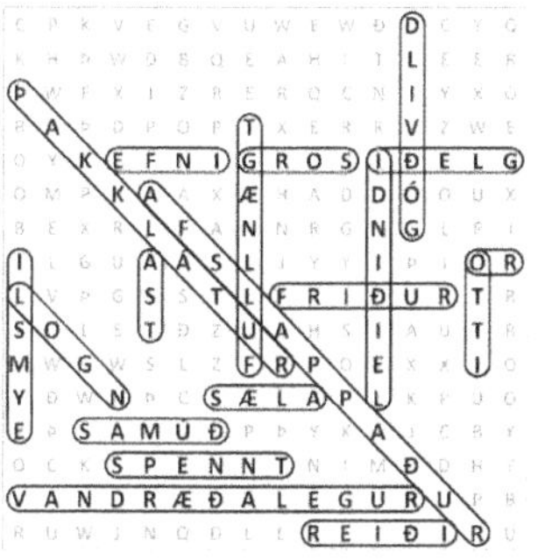

11 - Ficção Científica

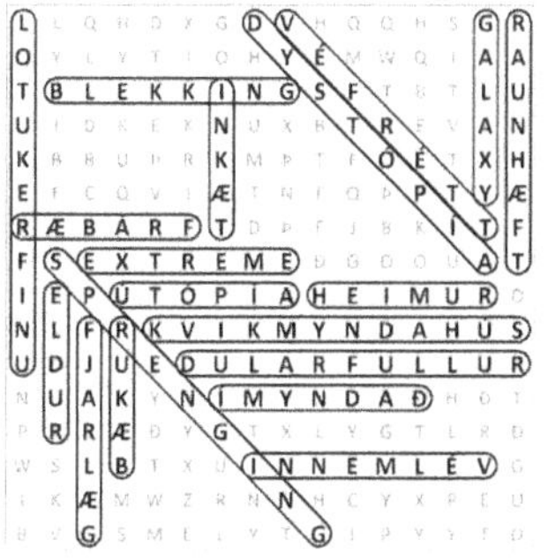

12 - Mitologia

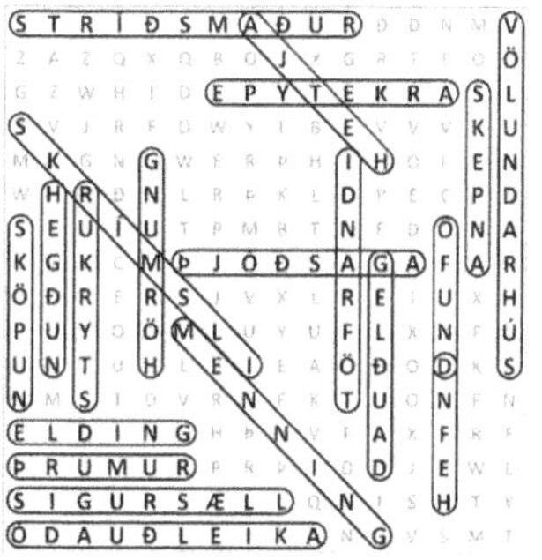

13 - Medições

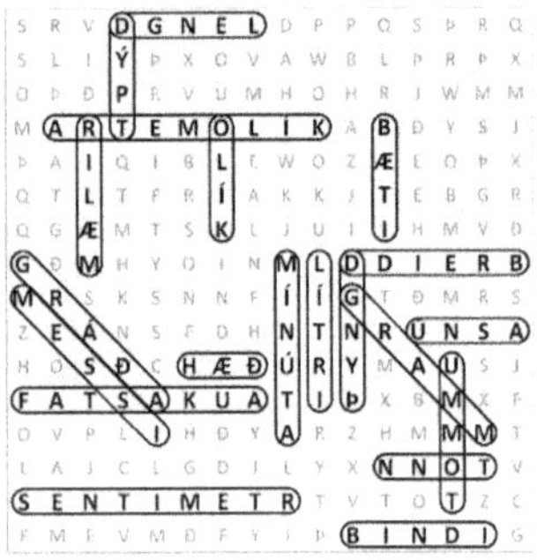

14 - Álgebra

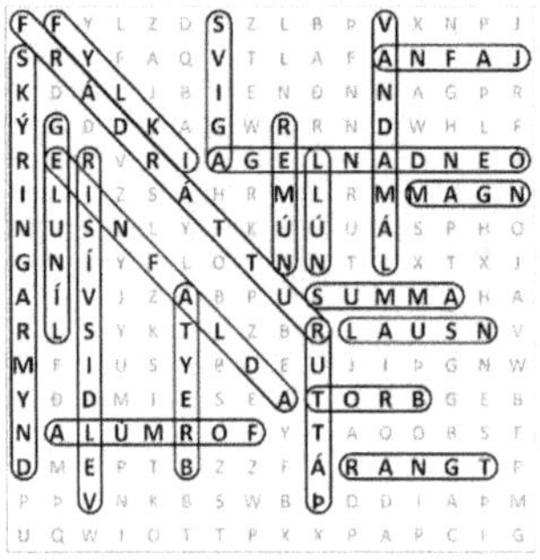

15 - Plantas

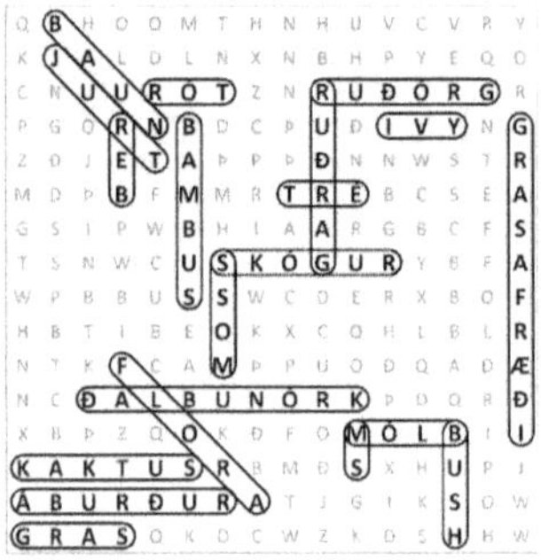

16 - Veículos

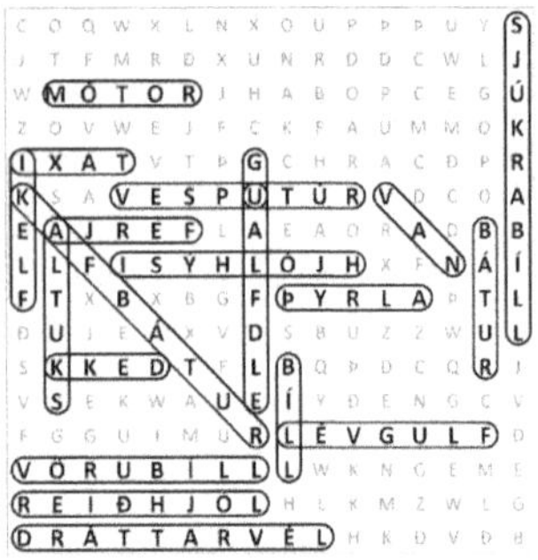

17 - Engenharia

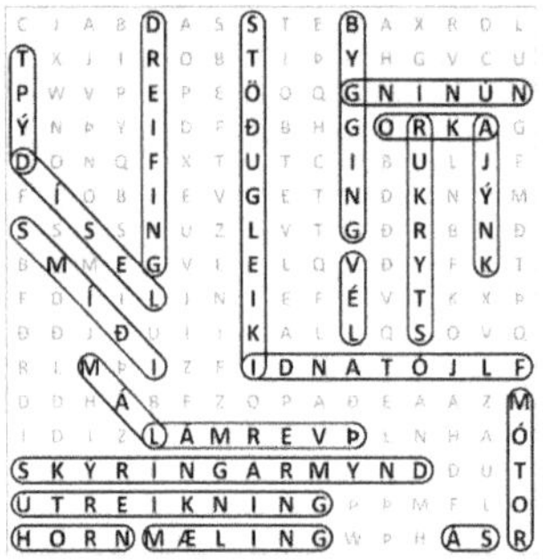

18 - Restaurante #2

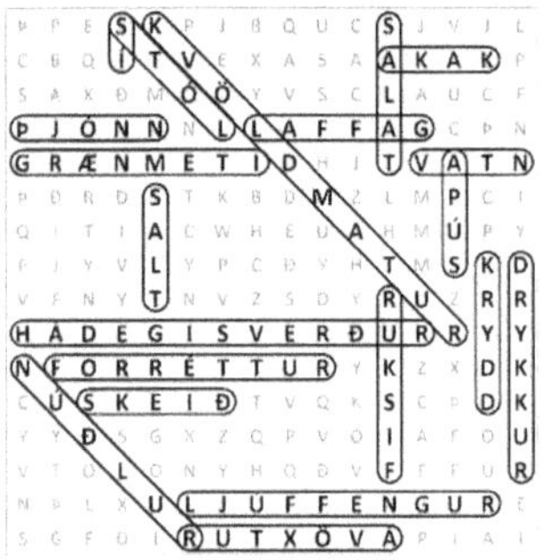

19 - Países #2

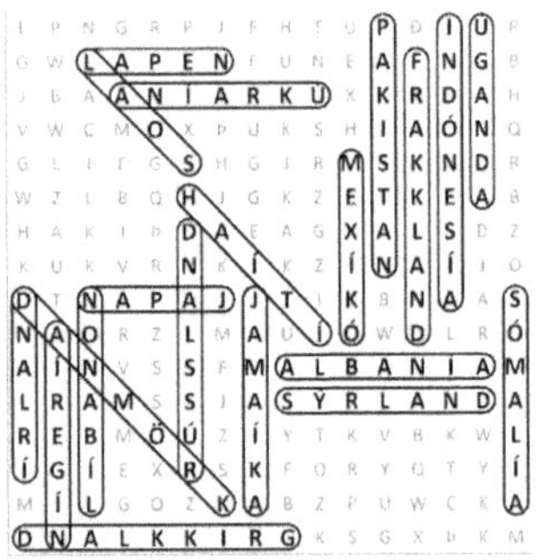

20 - Cozinha

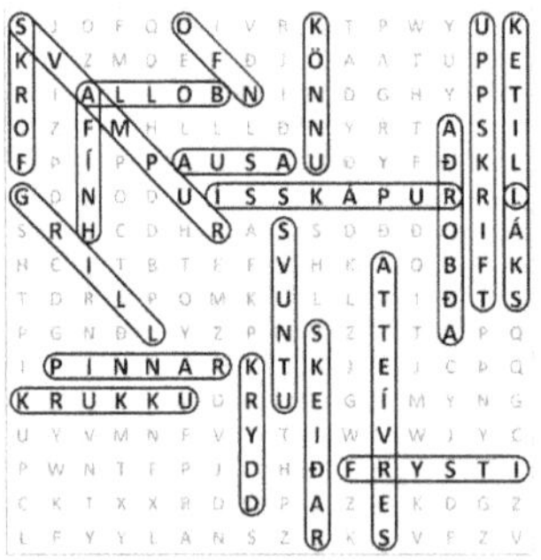

21 - Material de Arte

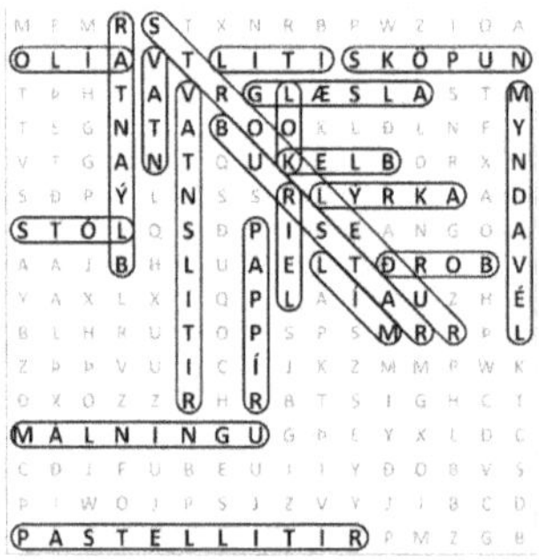

22 - Números

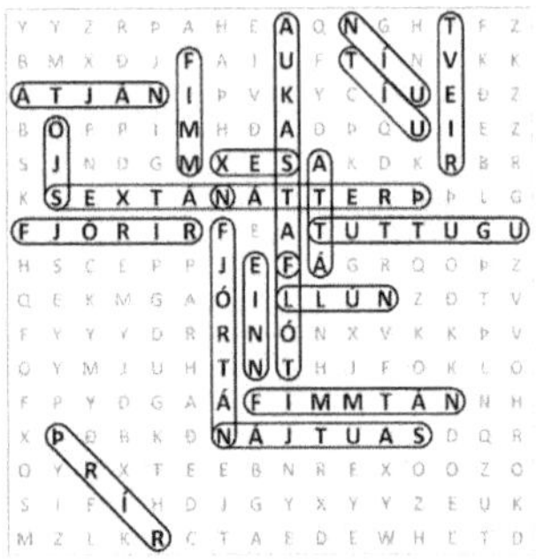

23 - Física

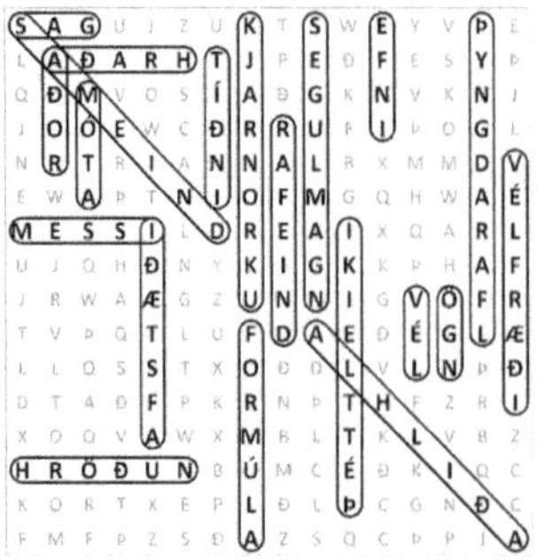

24 - Especiarias

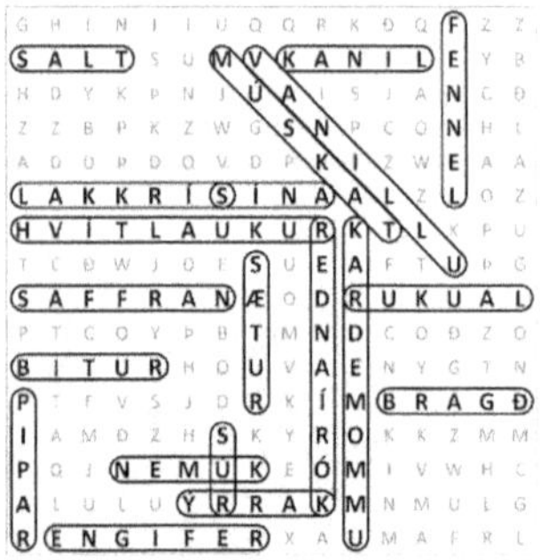

25 - Países #1

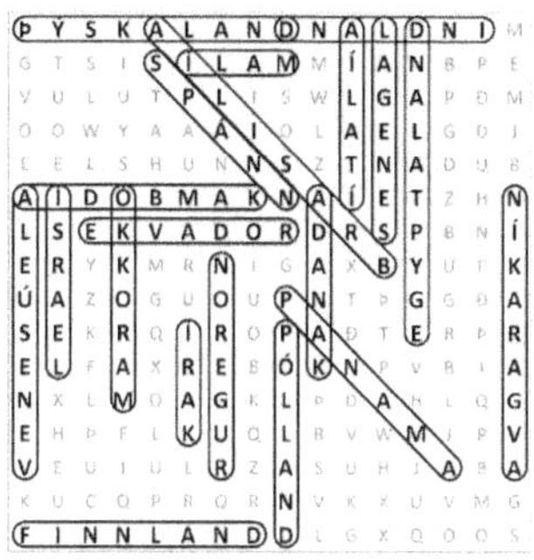

26 - A Mídia

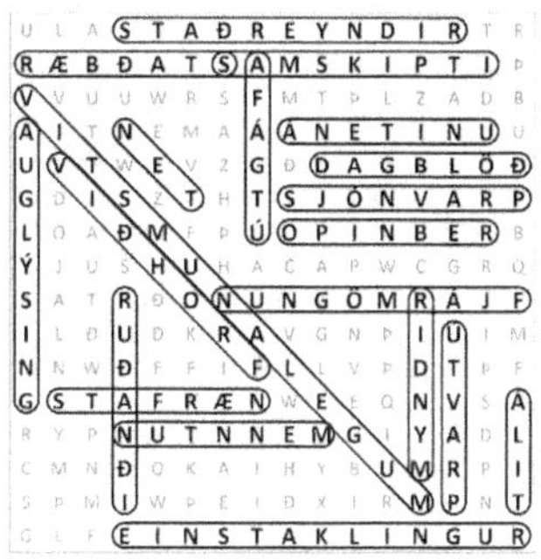

27 - Casa

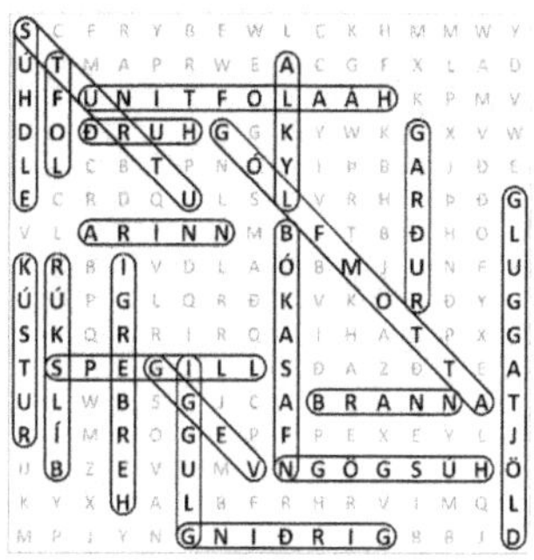

28 - Vegetais

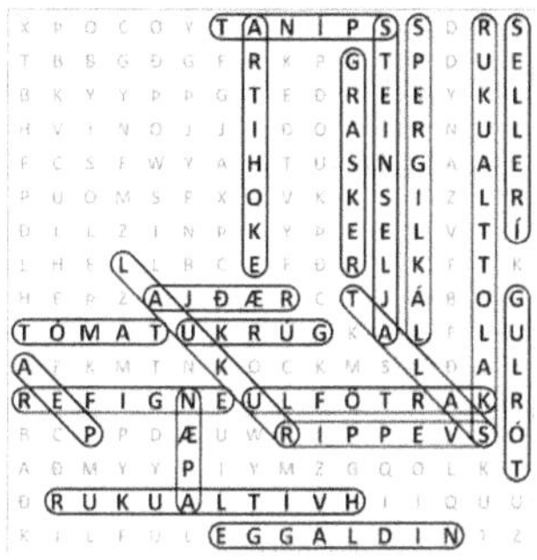

29 - Balé

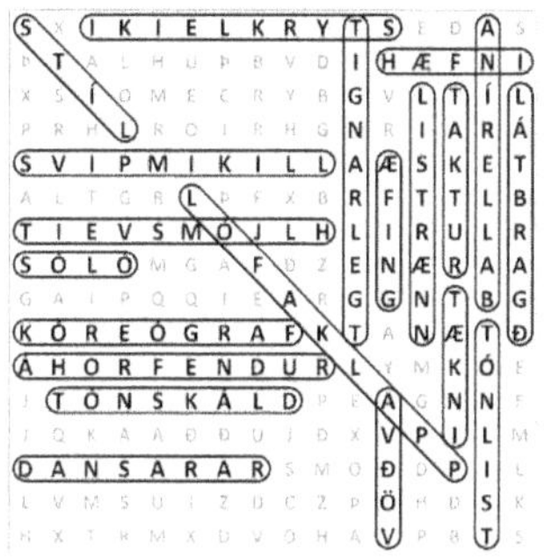

30 - Adjetivos #1

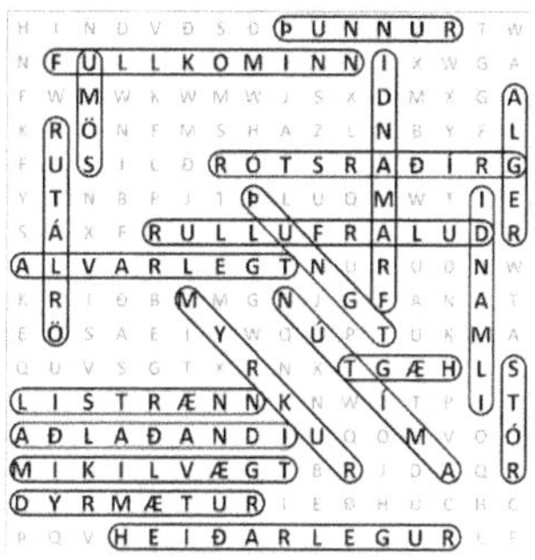

31 - Paisagens

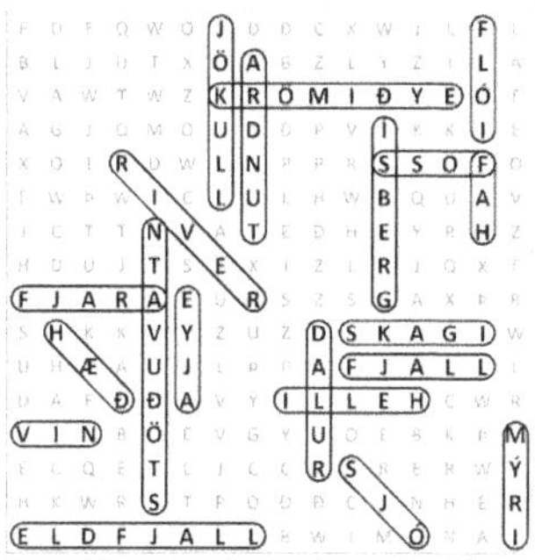

32 - Dança

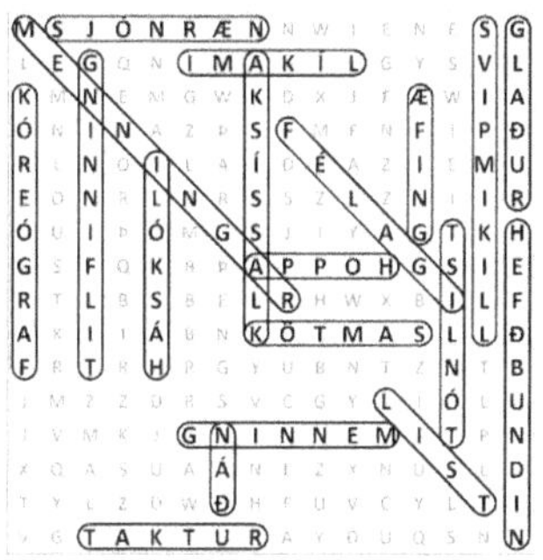

33 - Nutrição

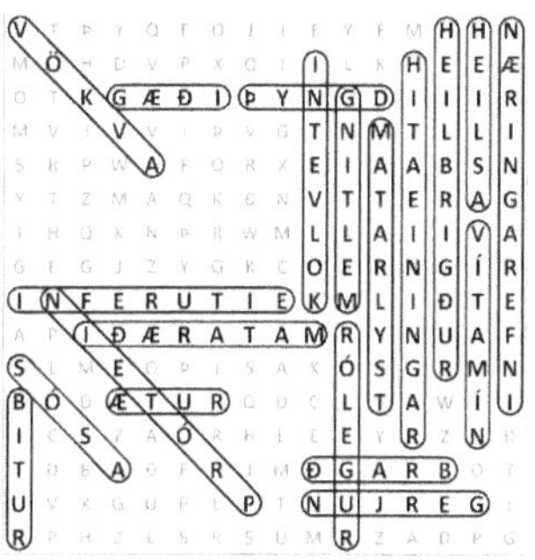

34 - Energia

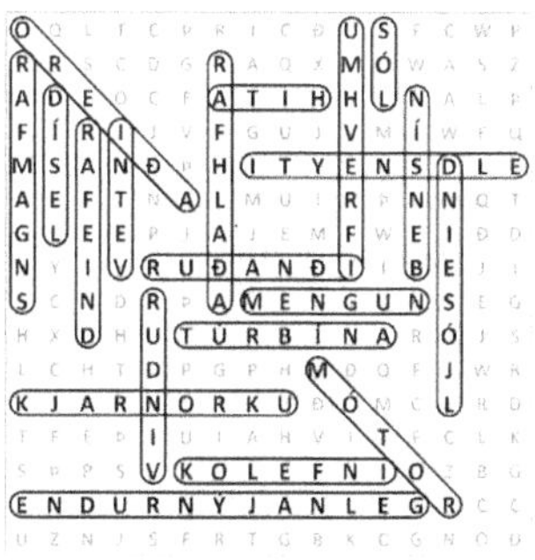

35 - Disciplinas Científicas

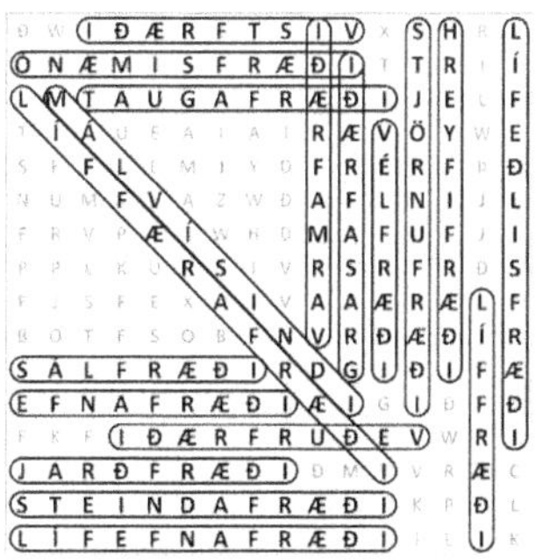

36 - Meditação

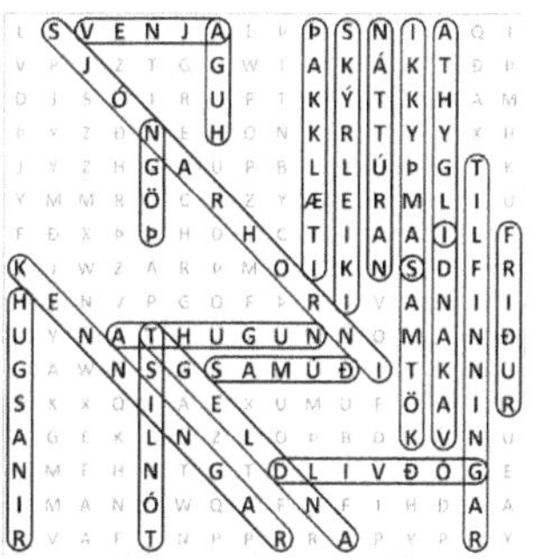

37 - Artes Visuais

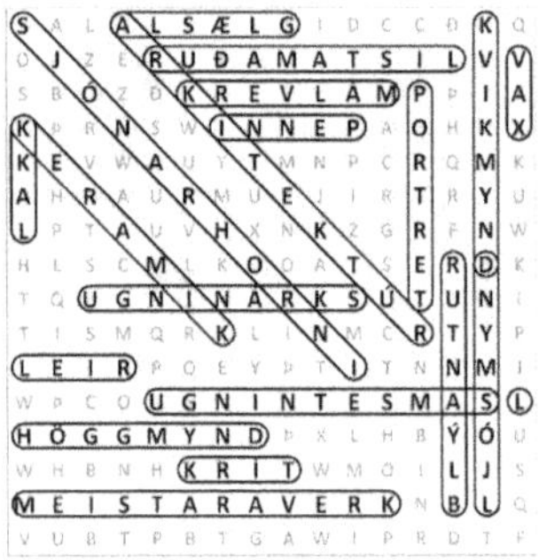

38 - Moda

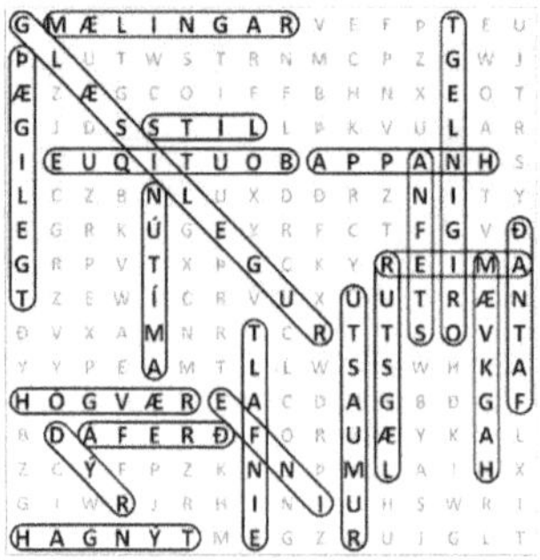

39 - Instrumentos Musicais

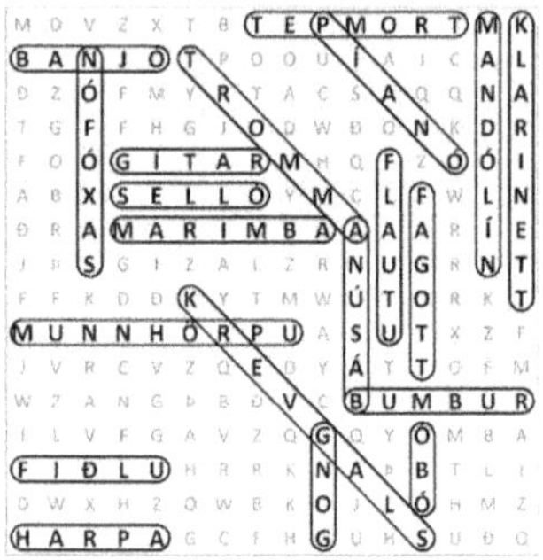

40 - Adjetivos #2

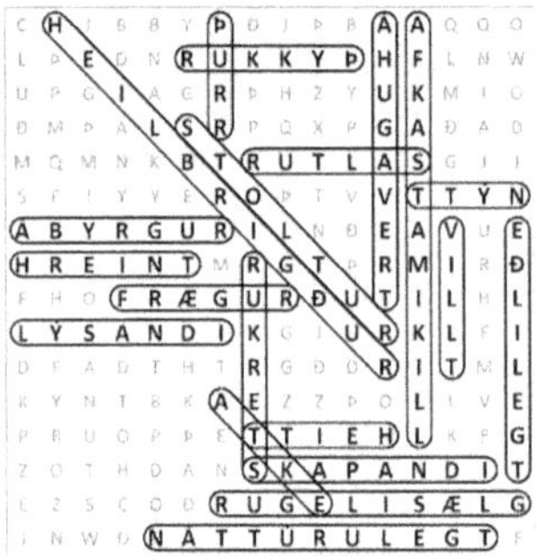

41 - Roupas

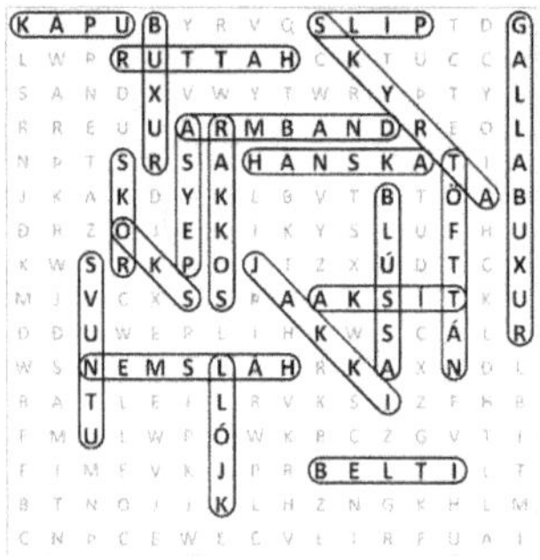

42 - Herbalismo

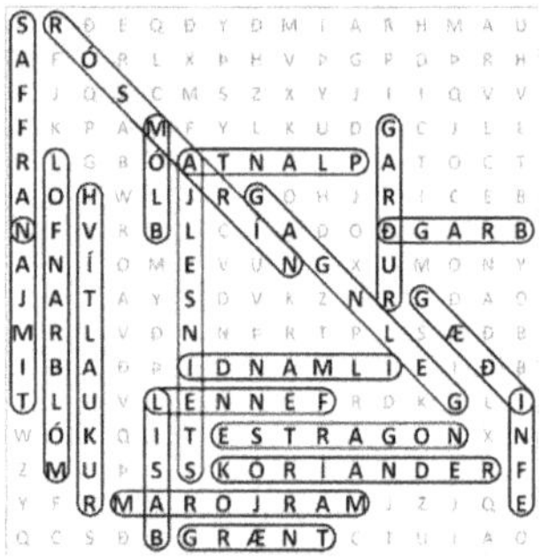

43 - Arqueologia

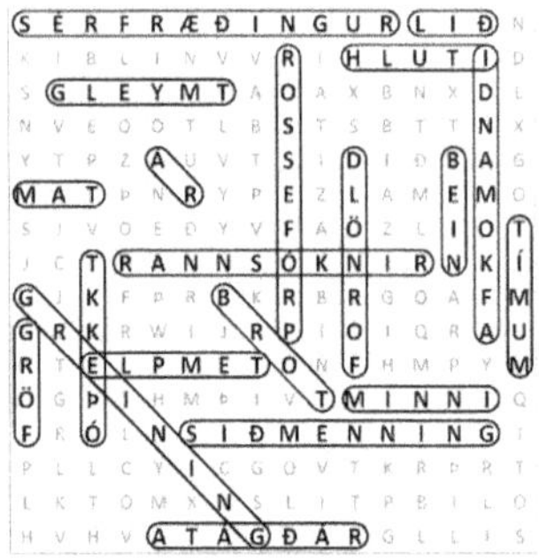

44 - Esporte

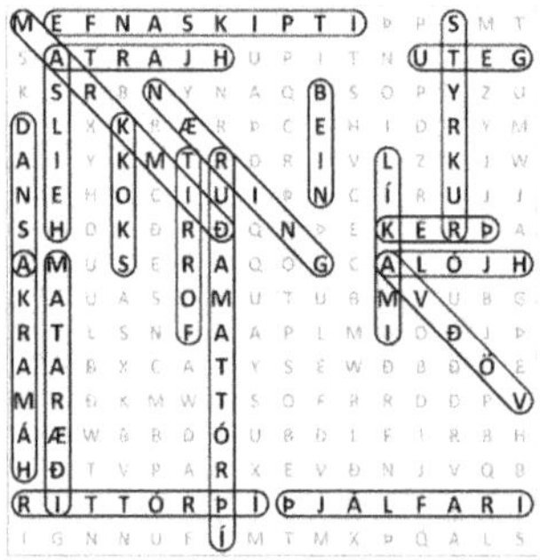

45 - Agronomia

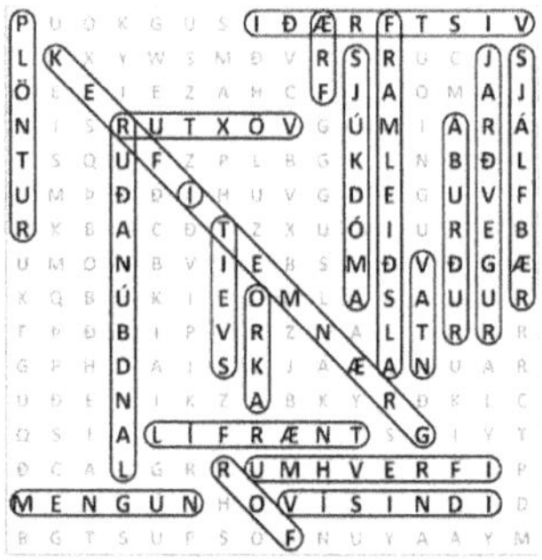

46 - Frutas

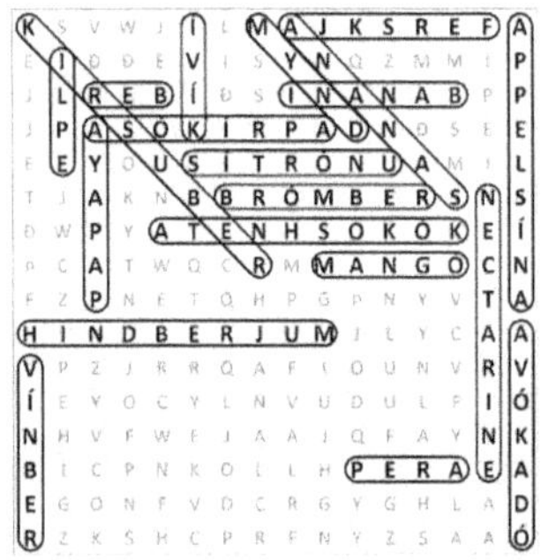

47 - Corpo Humano

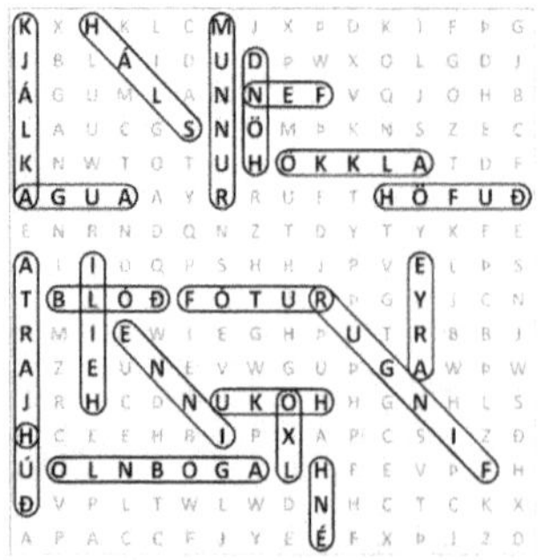

48 - Caminhada

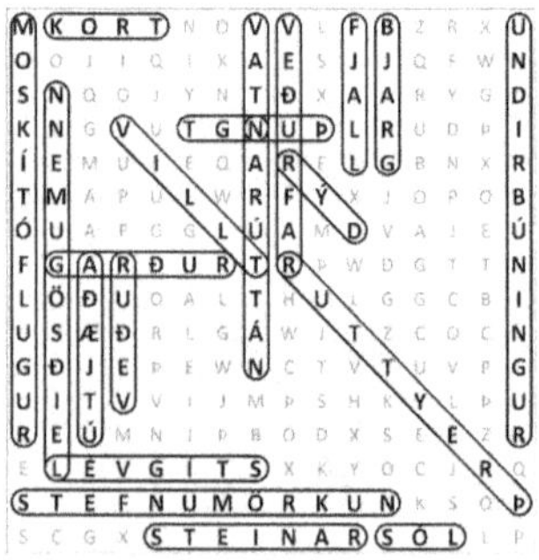

49 - Biologia

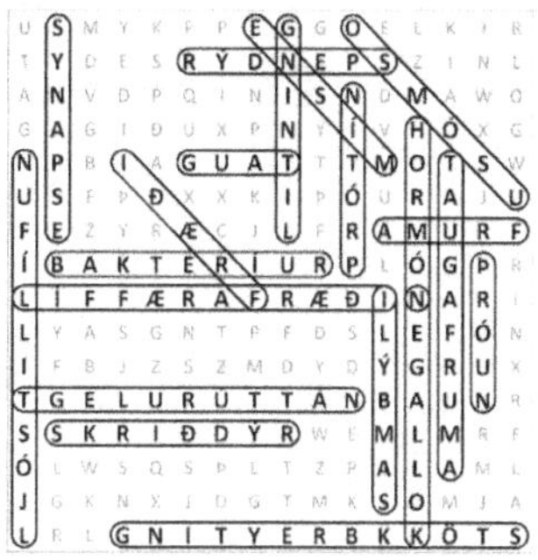

50 - Beleza

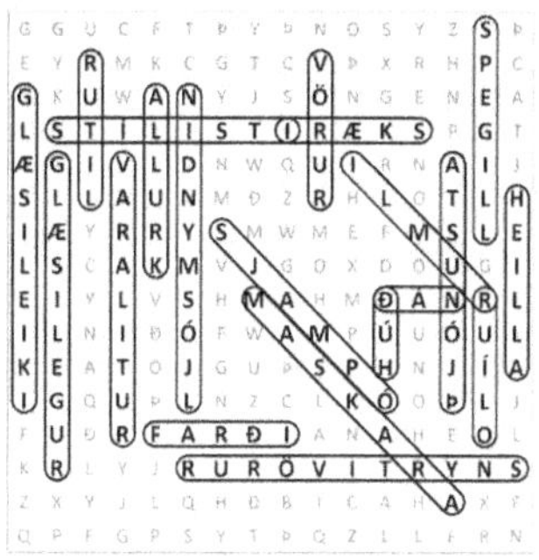

51 - Filantropia

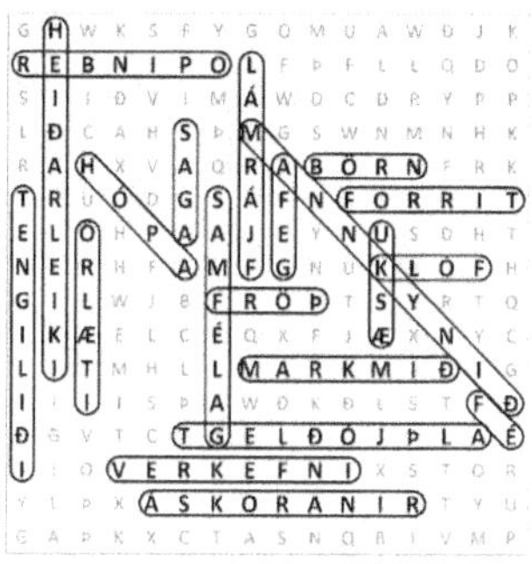

52 - Ecologia

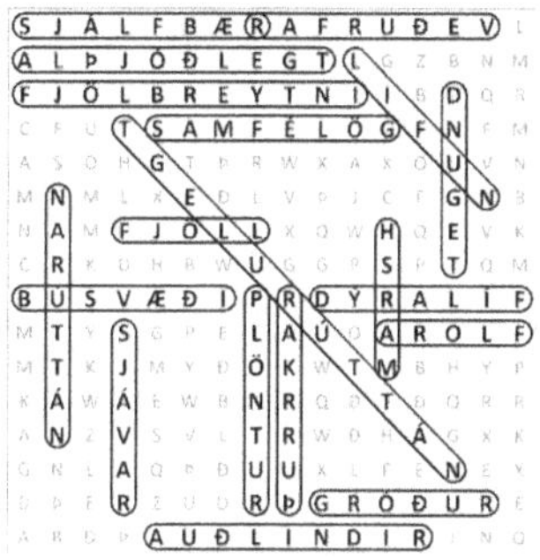

53 - Família

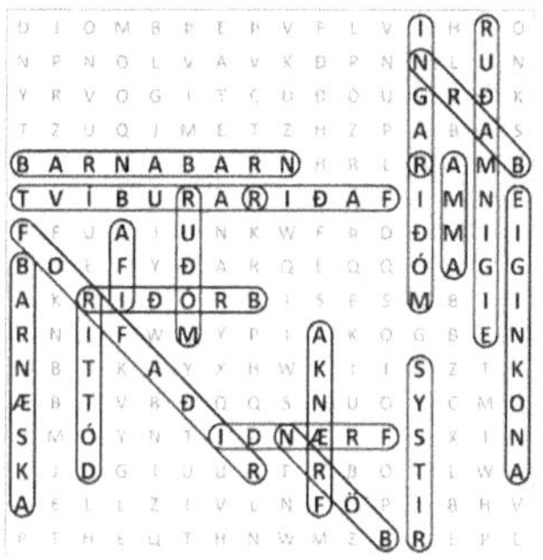

54 - Edifícios

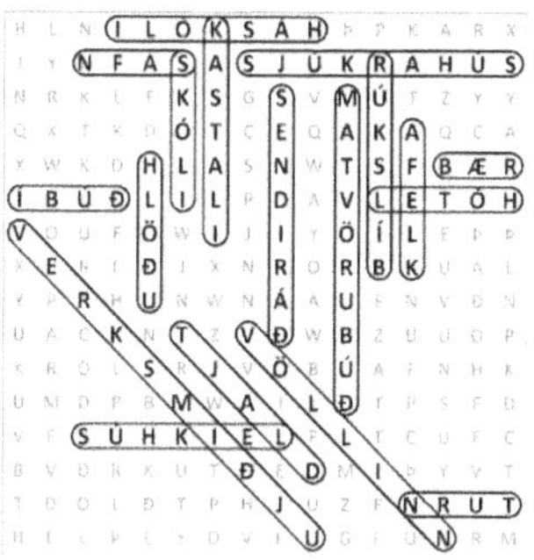

55 - Xadrez

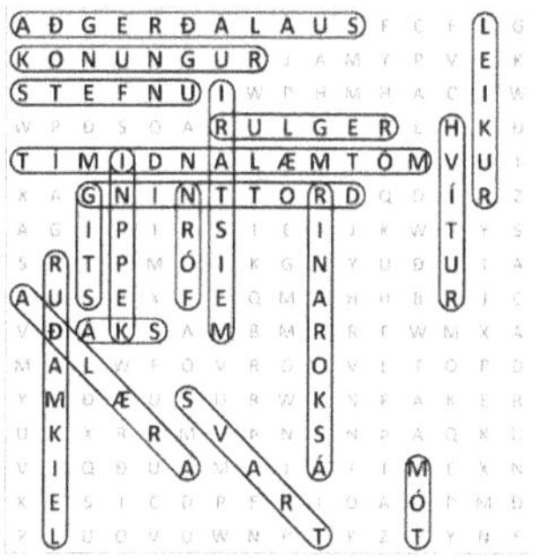

56 - Aventura

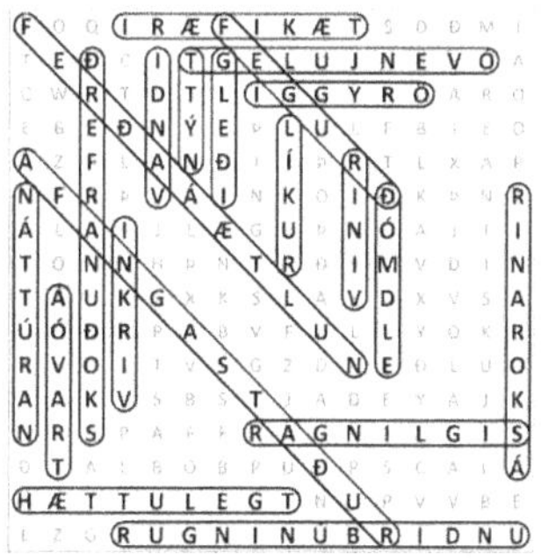

57 - Floresta Tropical

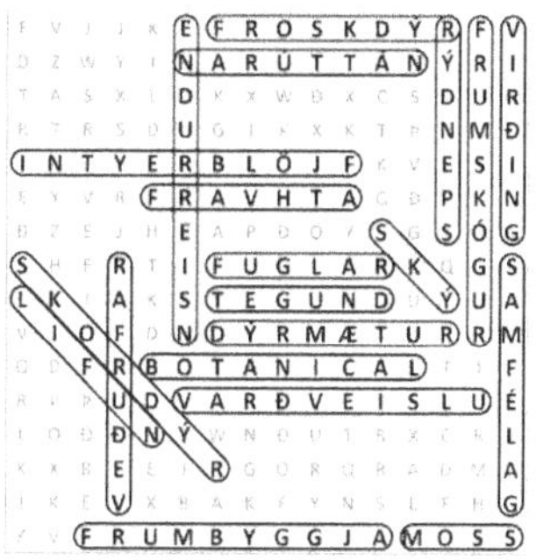

58 - Cidade

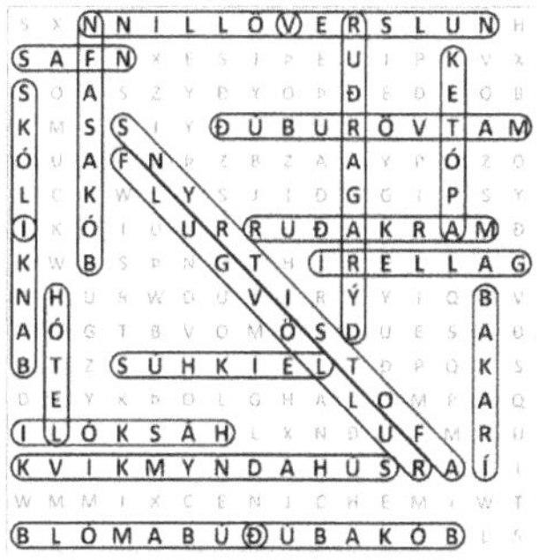

59 - Música

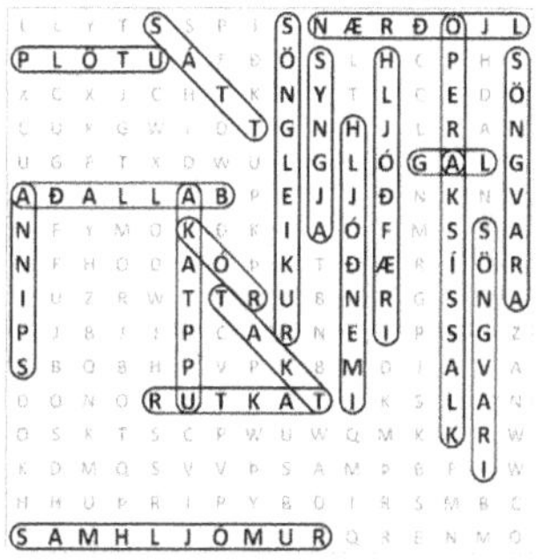

60 - Matemática

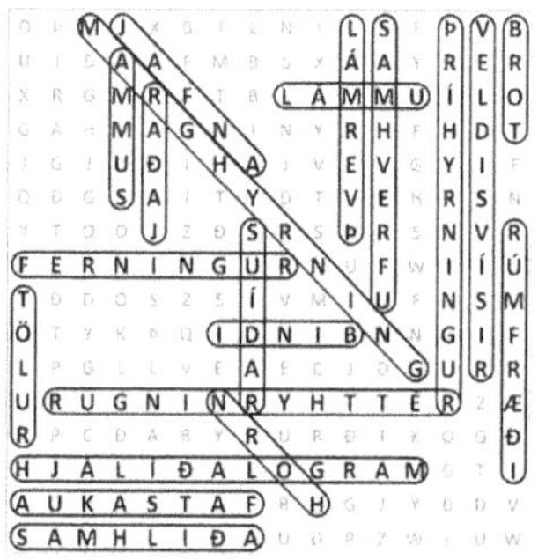

61 - Saúde e Bem Estar #1

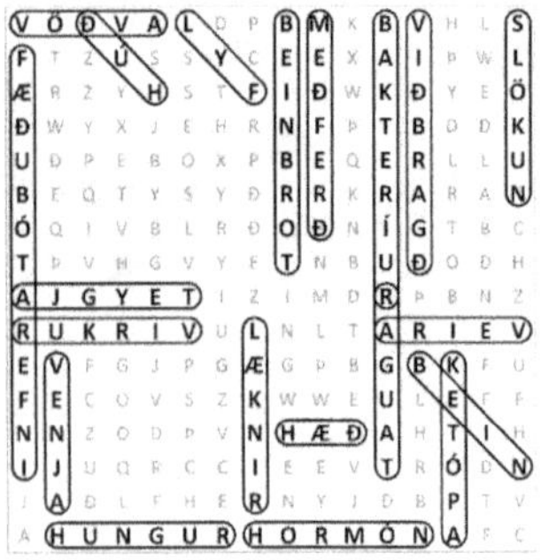

62 - Natureza

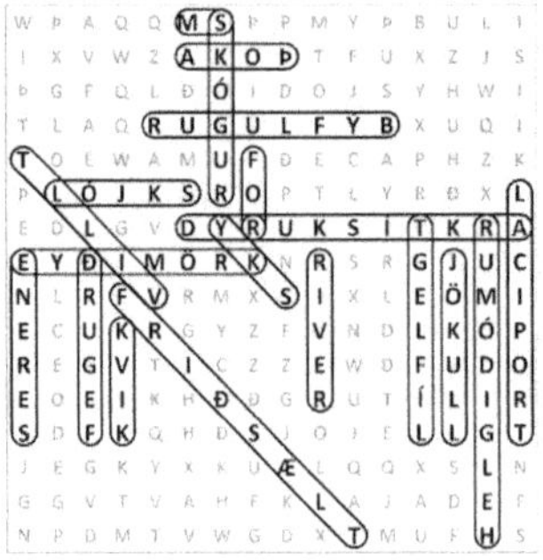

63 - A Empresa

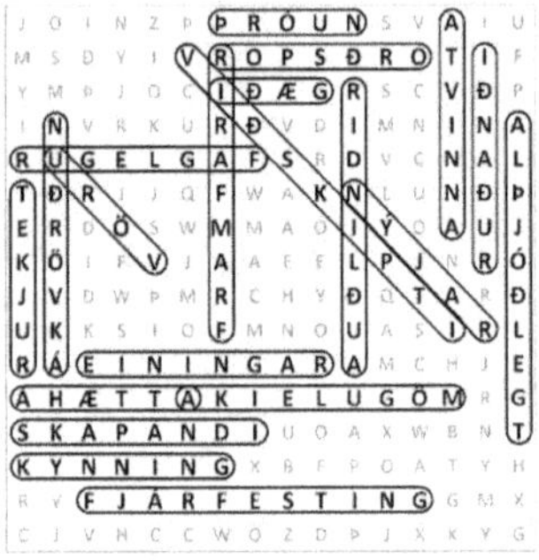

64 - Doença

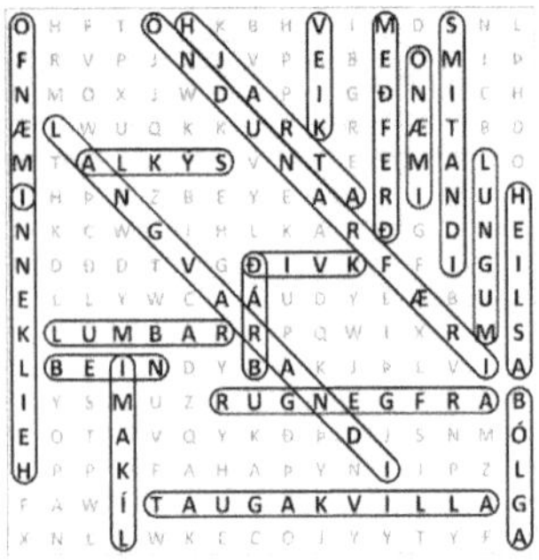

65 - Aquecimento Global

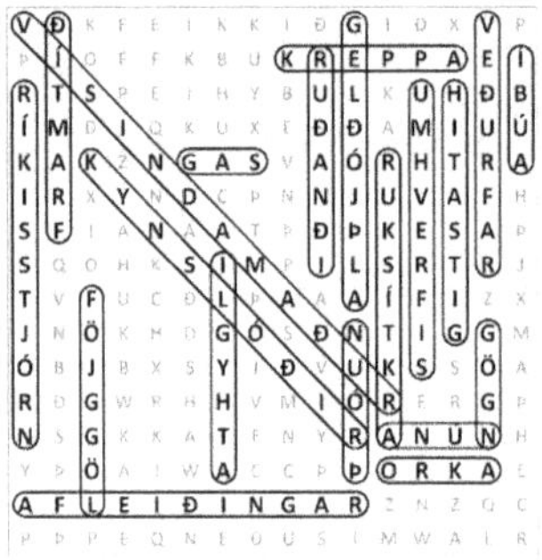

66 - Aviões

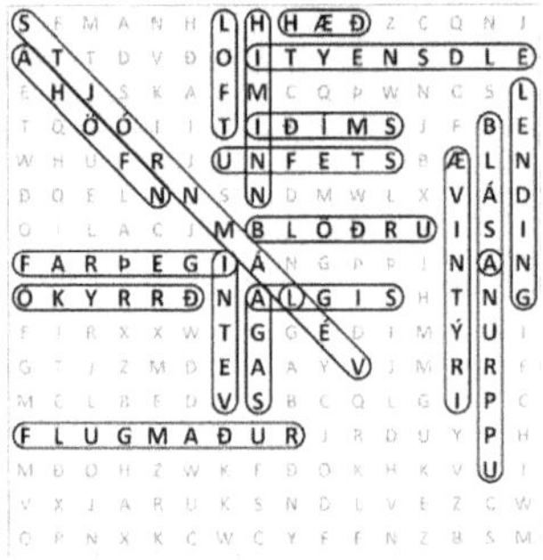

67 - Tipos de Cabelo

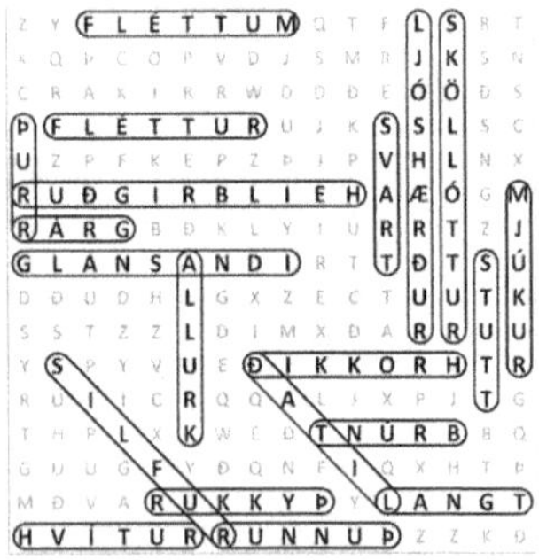

68 - Dias e Meses

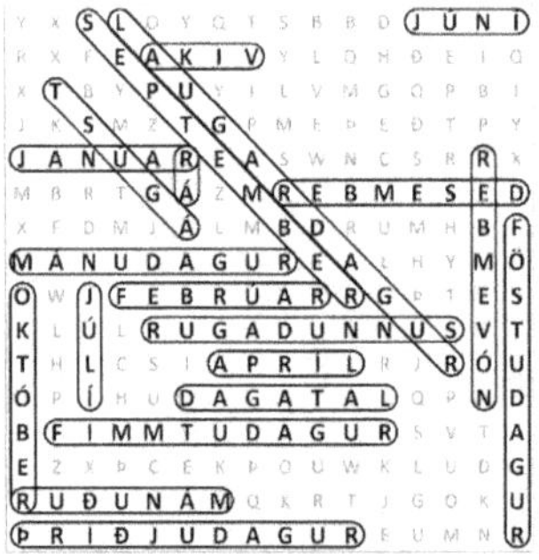

69 - Saúde e Bem Estar #2

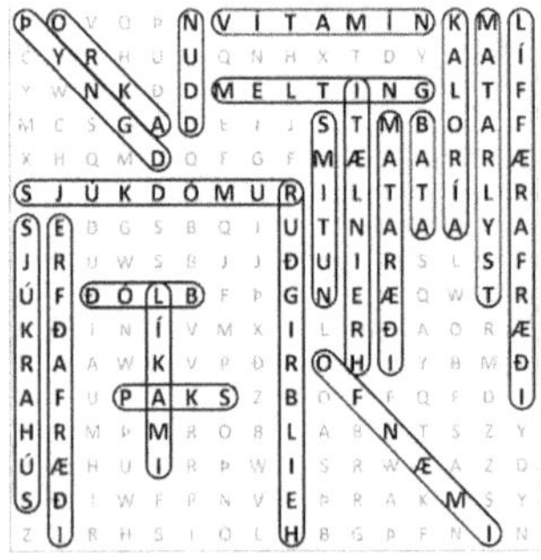

70 - Geografia

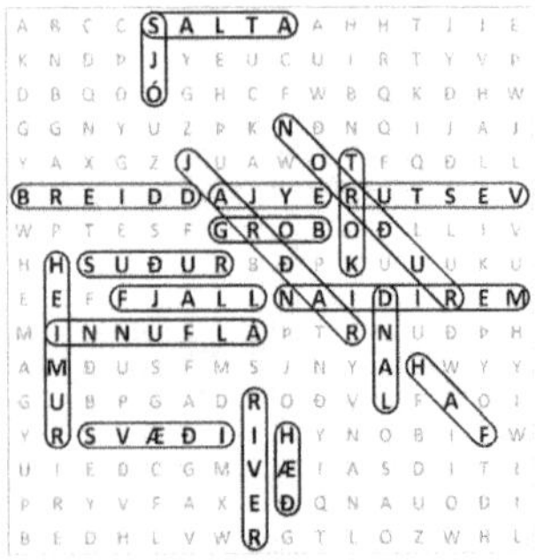

71 - Antártica

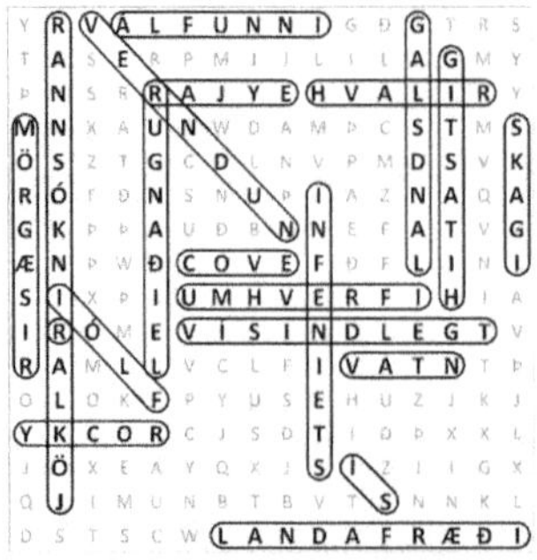

72 - Flores

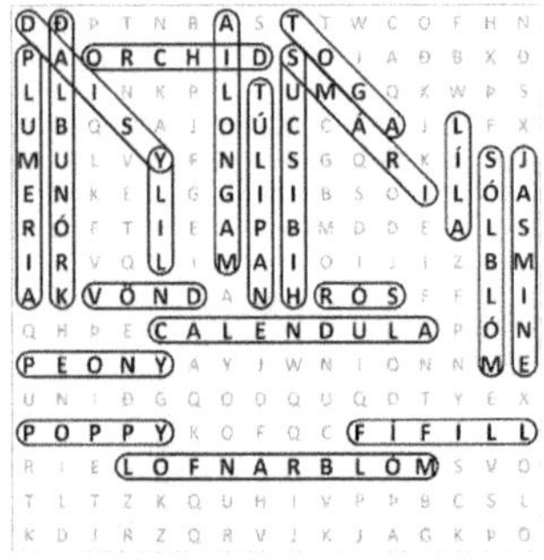

73 - Fazenda #1

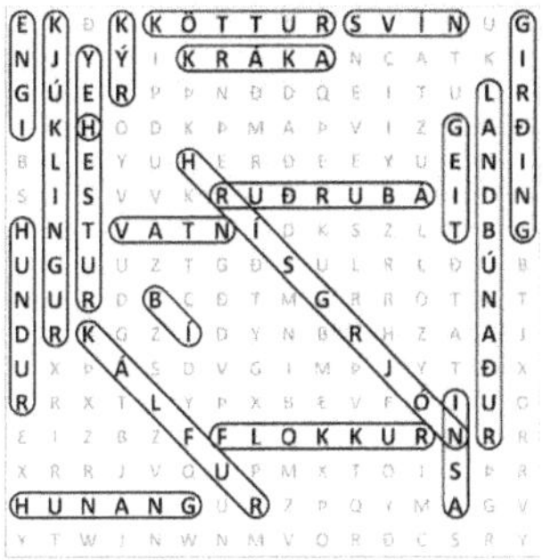

74 - Livros

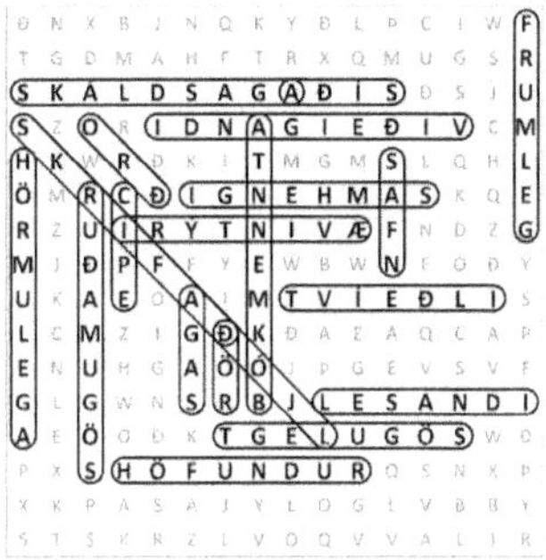

75 - Chocolate

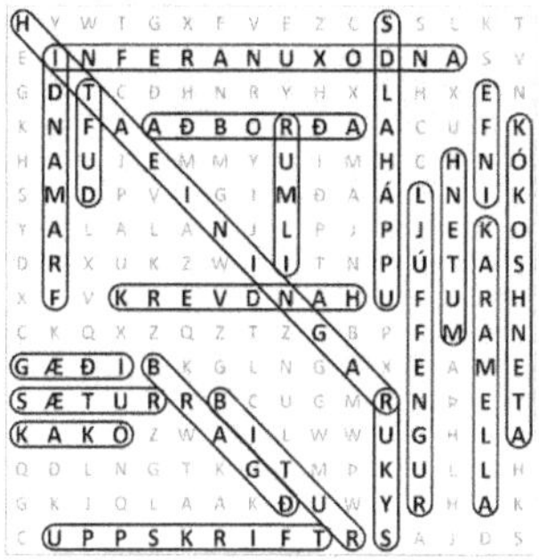

76 - Governo

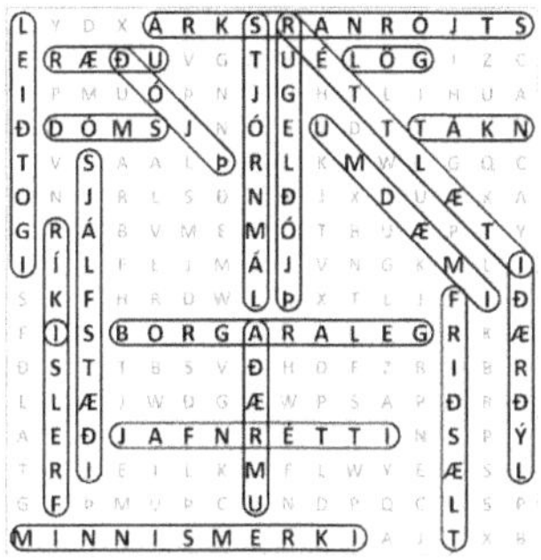

77 - Jardinagem

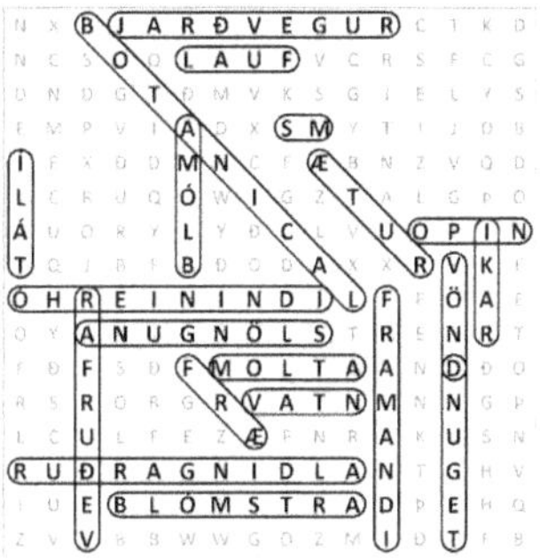

78 - Profissões #2

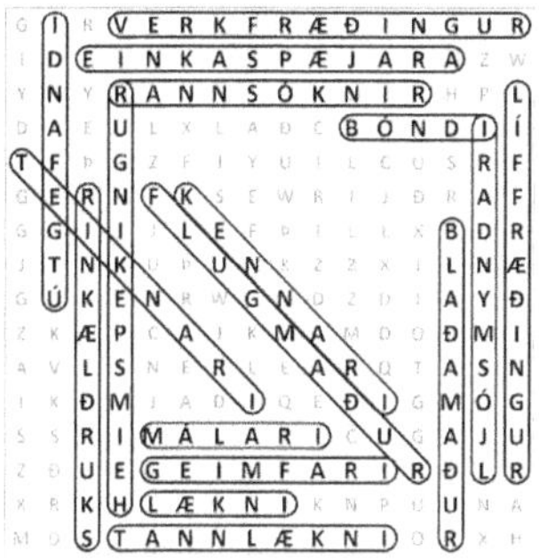

79 - Café

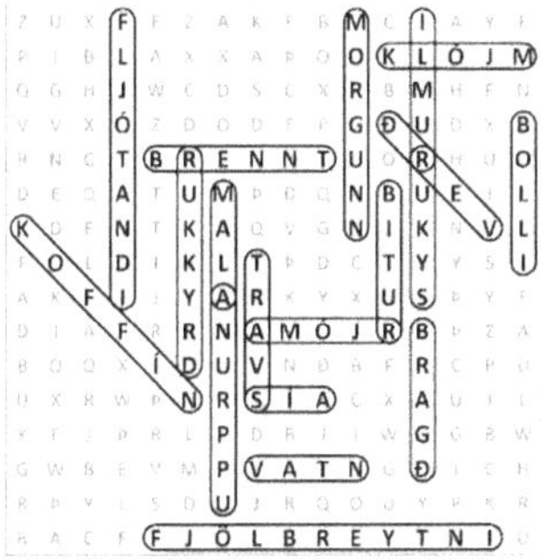

80 - Negócios

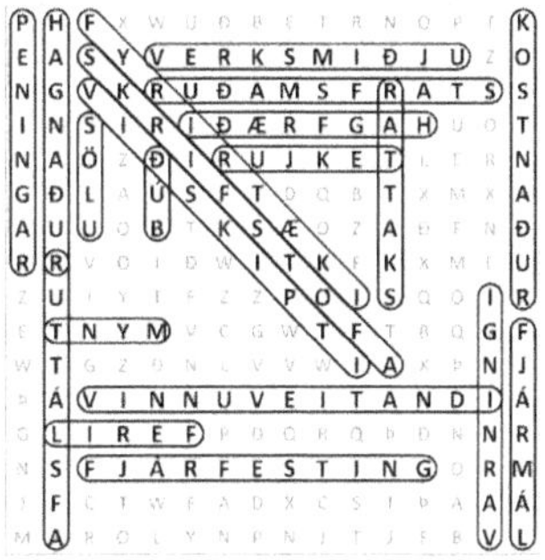

81 - Fazenda #2

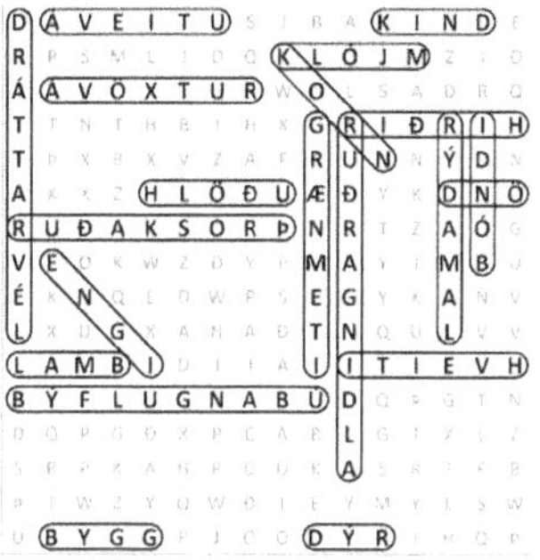

82 - Jardim

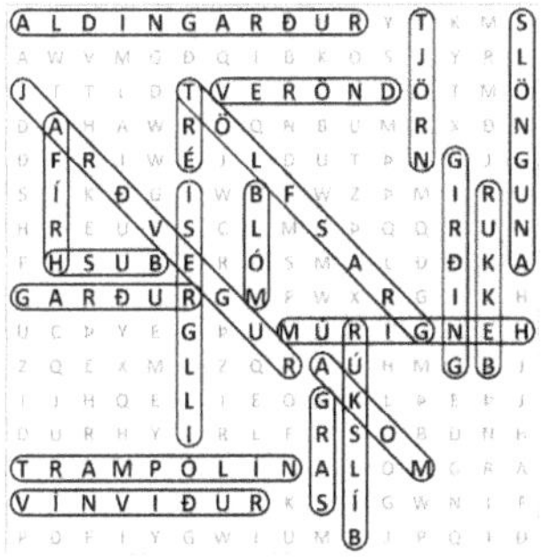

83 - Oceano

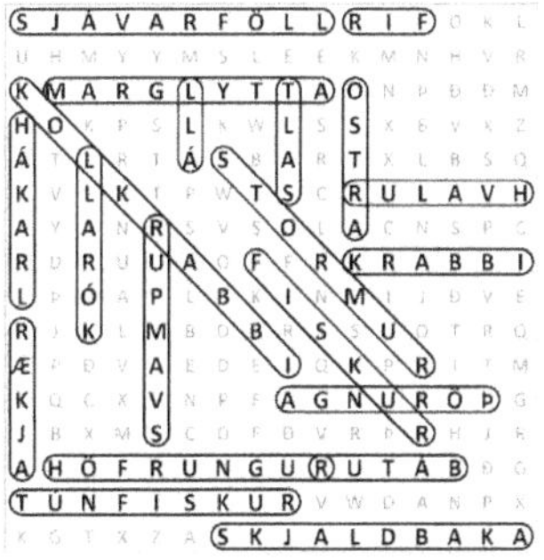

84 - Profissões #1

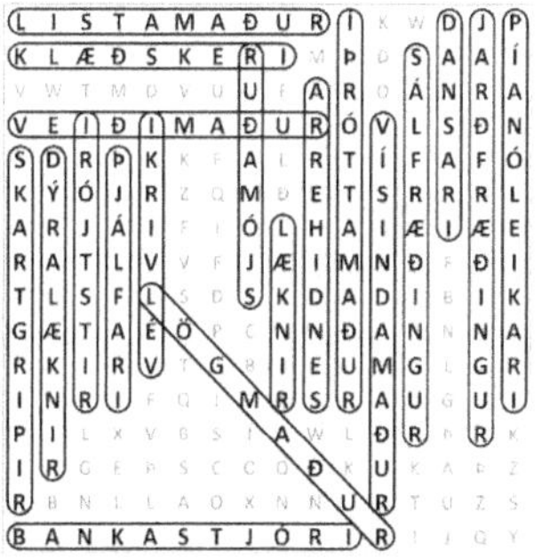

85 - Força e Gravidade

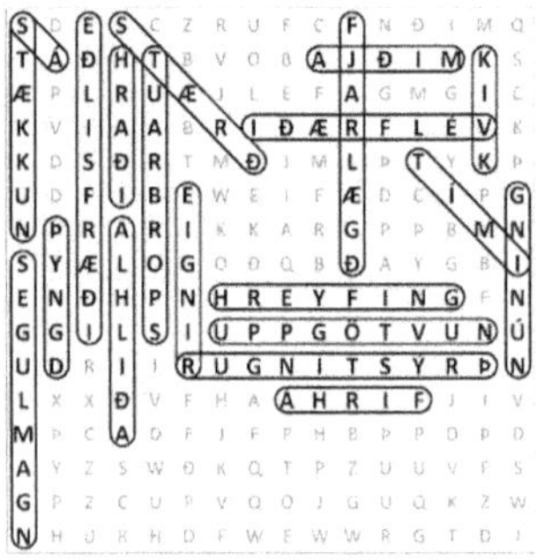

86 - Abelhas

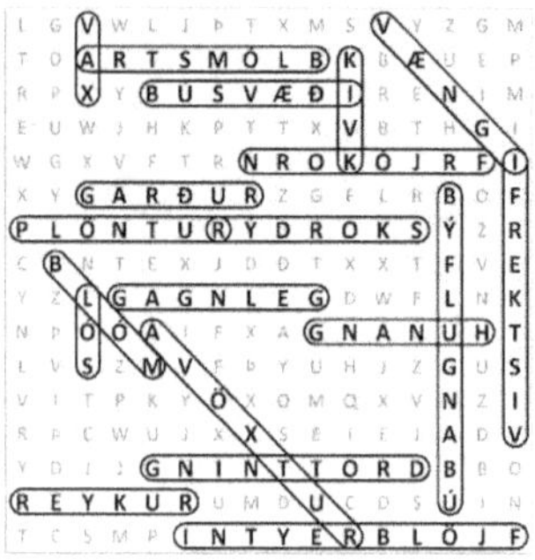

87 - Comida #1

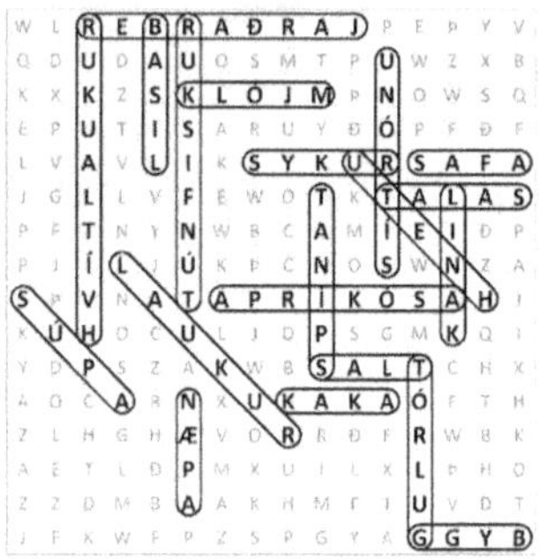

88 - Geometria

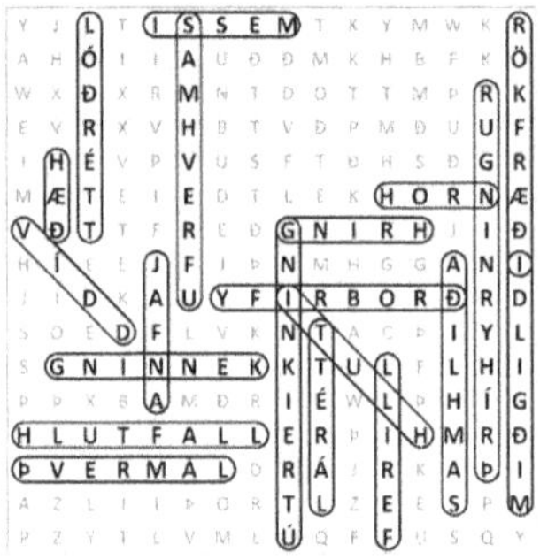

89 - Pássaros

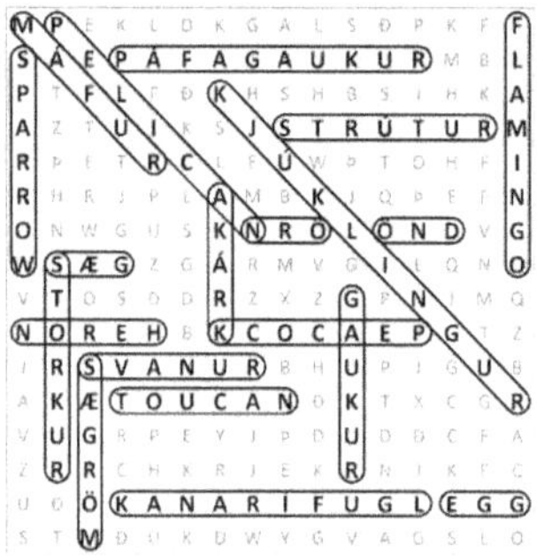

90 - Literatura

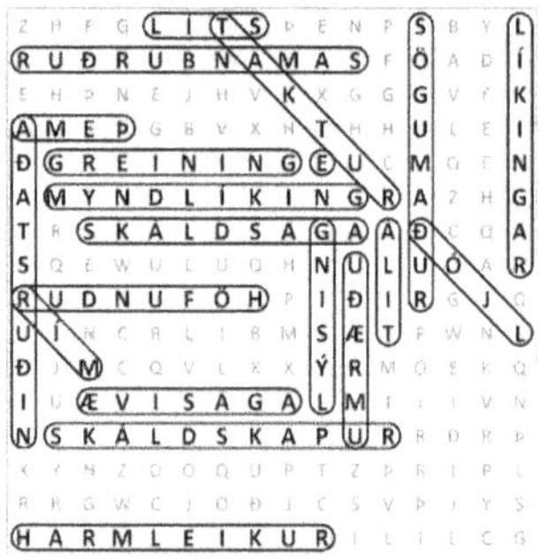

91 - Química

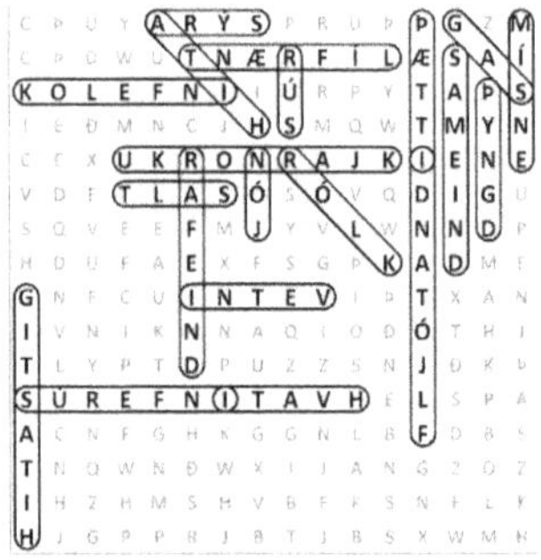

92 - Clima

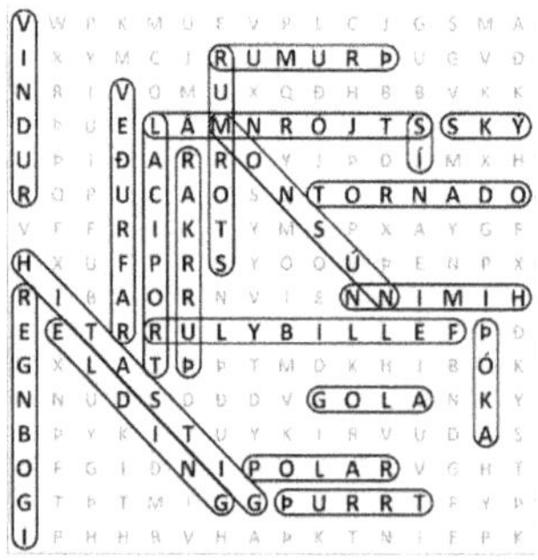

93 - Arte

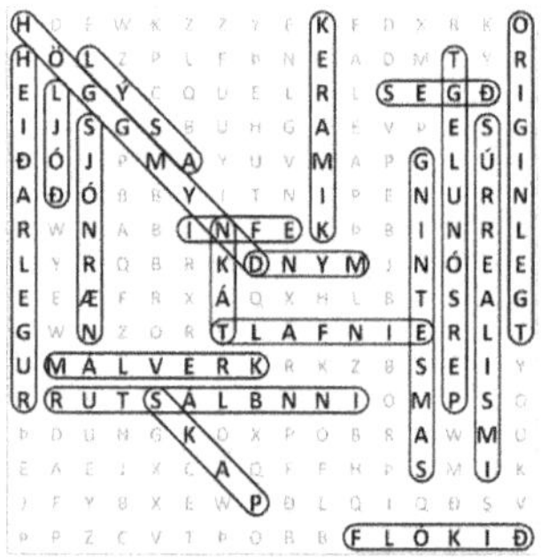

94 - Diplomacia

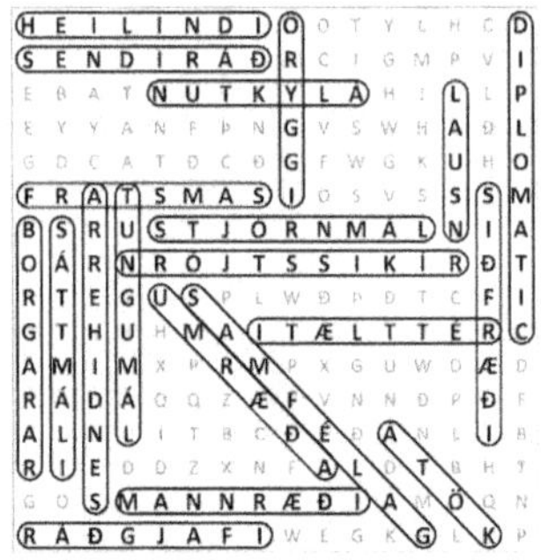

95 - Comida # 2

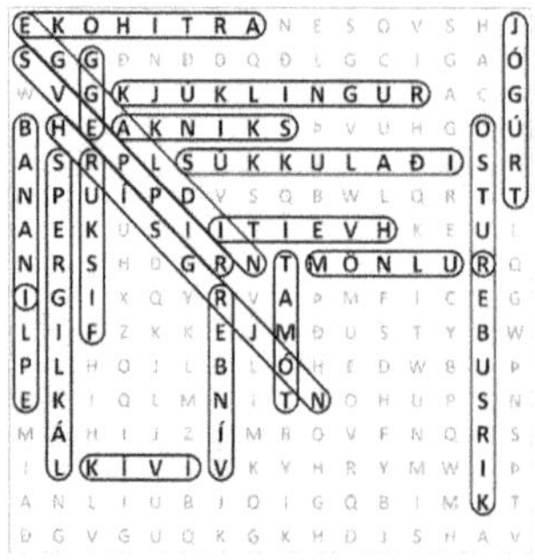

96 - Universo

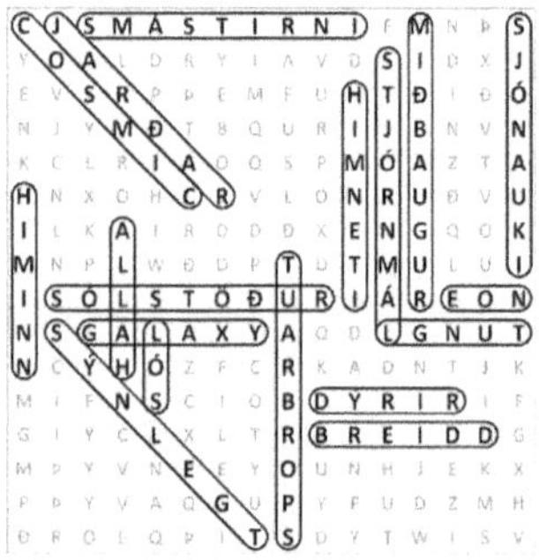

97 - Jazz

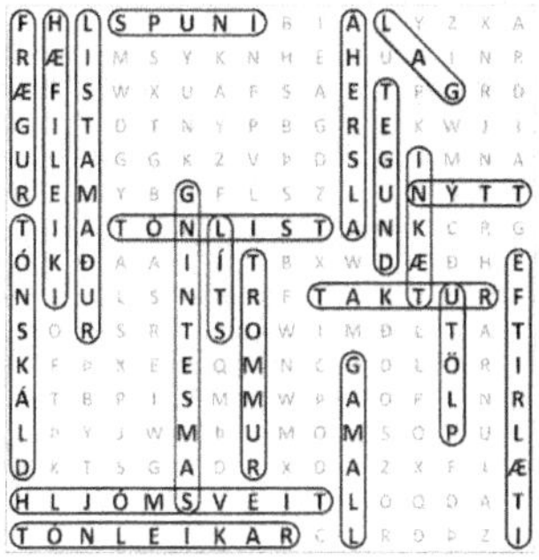

98 - Barcos

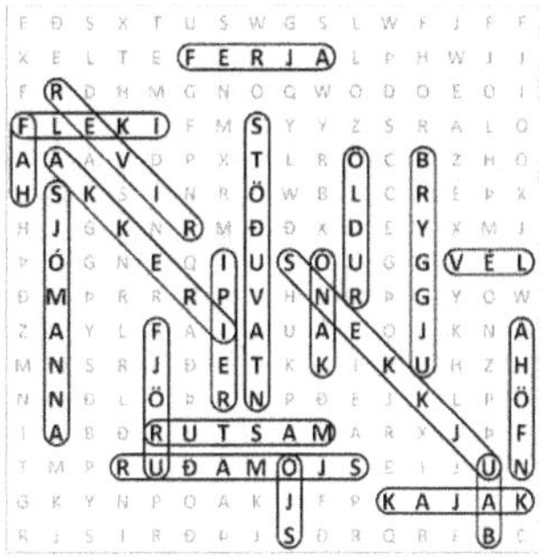

99 - Mamíferos

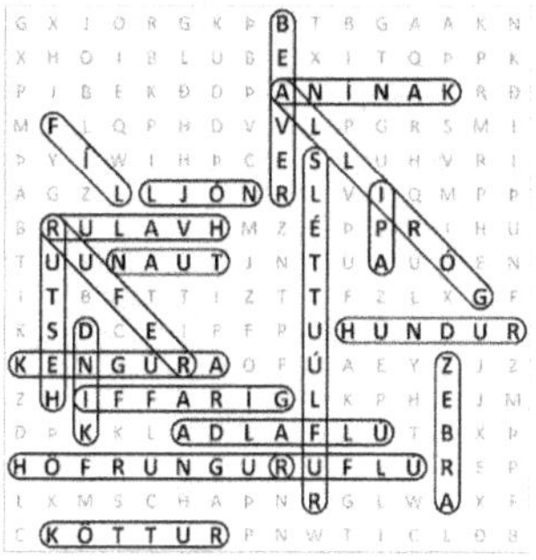

100 - Atividades e Lazer

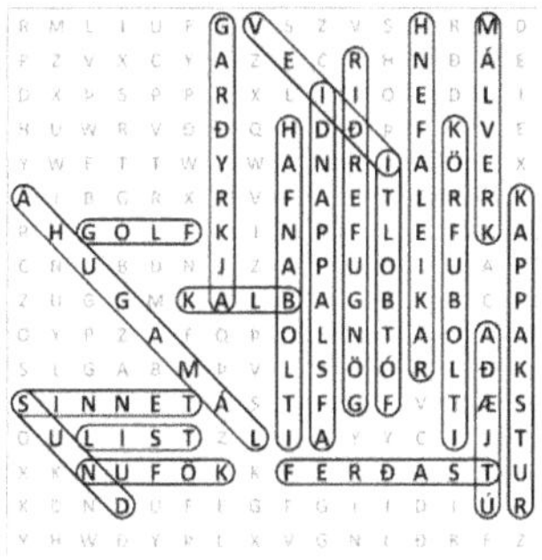

Dicionário

A Empresa
Fyrirtækið

Apresentação	Kynning
Criativo	Skapandi
Decisão	Ákvörðun
Emprego	Atvinna
Global	Alþjóðlegt
Indústria	Iðnaður
Inovador	Nýjar
Investimento	Fjárfesting
Negócio	Viðskipti
Possibilidade	Möguleika
Produto	Vöru
Profissional	Faglegur
Progresso	Framfarir
Qualidade	Gæði
Receita	Tekjur
Recursos	Auðlindir
Reputação	Orðspor
Riscos	Áhætta
Tendências	Þróun
Unidades	Einingar

A Mídia
Fjölmiðlarnir

Atitudes	Viðhorf
Comercial	Auglýsing
Comunicação	Samskipti
Digital	Stafræn
Edição	Útgáfa
Educação	Menntun
Fatos	Staðreyndir
Financiamento	Fjármögnun
Fotos	Myndir
Individual	Einstaklingur
Indústria	Iðnaður
Intelectual	Vitsmunalegum
Jornais	Dagblöð
Local	Staðbær
Online	Á Netinu
Opinião	Álit
Público	Opinber
Rádio	Útvarp
Rede	Net
Televisão	Sjónvarp

Abelhas
Býflugur

Asas	Vængi
Benéfico	Gagnleg
Cera	Vax
Colmeia	Býflugnabú
Diversidade	Fjölbreytni
Ecossistema	Vistkerfi
Enxame	Kvik
Flor	Blómstra
Flores	Blóm
Fruta	Ávöxtur
Fumaça	Reykur
Habitat	Búsvæði
Inseto	Skordýr
Jardim	Garður
Mel	Hunang
Plantas	Plöntur
Pólen	Frjókorn
Rainha	Drottning
Sol	Sól

Acampamento
Tjaldstæði

Animais	Dýr
Aventura	Ævintýri
Árvores	Tré
Bússola	Áttavita
Cabine	Klefa
Caça	Veiða
Canoa	Kanó
Chapéu	Hattur
Corda	Reipi
Equipamento	Búnaður
Floresta	Skógur
Fogo	Eldur
Inseto	Skordýr
Lago	Stöðuvatn
Lua	Tungl
Maca	Hengirúm
Mapa	Kort
Montanha	Fjall
Natureza	Náttúran
Tenda	Tjald

Adjetivos #1
Lýsingarorð #1

Absoluto	Alger
Aromático	Ilmandi
Artístico	Listrænn
Atraente	Aðlaðandi
Enorme	Gríðarstór
Escuro	Myrkur
Exótico	Framandi
Fino	Þunnur
Generoso	Örlátur
Grande	Stór
Honesto	Heiðarlegur
Idêntico	Sömu
Importante	Mikilvægt
Lento	Hægt
Misterioso	Dularfullur
Moderno	Nútíma
Perfeito	Fullkominn
Pesado	Þungt
Sério	Alvarlegt
Valioso	Dýrmætur

Adjetivos #2
Lýsingarorð #2

Autêntico	Ekta
Criativo	Skapandi
Descritivo	Lýsandi
Elegante	Glæsilegur
Famoso	Frægur
Forte	Sterkur
Grosso	Þykkur
Interessante	Áhugavert
Natural	Náttúrulegt
Normal	Eðlilegt
Novo	Nýtt
Orgulhoso	Stoltur
Produtivo	Afkastamikill
Puro	Hreint
Quente	Heitt
Responsável	Ábyrgur
Salgado	Saltur
Saudável	Heilbrigður
Seco	Þurr
Selvagem	Villt

Agronomia
Jarðfræði

Agricultura	Landbúnaður
Ambiente	Umhverfi
Água	Vatn
Ciência	Vísindi
Crescimento	Vöxtur
Doenças	Sjúkdóma
Ecologia	Vistfræði
Energia	Orka
Erosão	Rof
Fertilizante	Áburður
Legumes	Grænmeti
Orgânico	Lífrænt
Plantas	Plöntur
Poluição	Mengun
Produção	Framleiðsla
Rural	Sveit
Sementes	Fræ
Sistemas	Kerfi
Solo	Jarðvegur
Sustentável	Sjálfbær

Antártica
Suðurskautslandið

Ambiente	Umhverfi
Água	Vatn
Baía	Flói
Baleias	Hvalir
Científico	Vísindlegt
Conservação	Verndun
Continente	Álfunni
Enseada	Cove
Expedição	Leiðangur
Geleiras	Jöklar
Gelo	Ís
Geografia	Landafræði
Ilhas	Eyjar
Investigador	Rannsóknir
Minerais	Steinefni
Península	Skagi
Pinguins	Mörgæsir
Rochoso	Rocky
Temperatura	Hitastig
Topografia	Landslag

Antiguidades
Fornminjar

Arte	List
Autêntico	Ekta
Decorativo	Skreytingar
Elegante	Glæsilegur
Entusiasta	Áhugamaður
Escultura	Höggmynd
Estilo	Stíl
Galeria	Gallerí
Incomum	Óvenjulegt
Investimento	Fjárfesting
Item	Atriði
Leilão	Uppboð
Mobiliário	Húsgögn
Moedas	Mynt
Preço	Verð
Qualidade	Gæði
Restauração	Endurreisn
Século	Öld
Valor	Virði
Velho	Gamall

Aquecimento Global
Hnattræn Hlýnun

Agora	Núna
Ambiental	Umhverfis
Atenção	Athygli
Ártico	Arktískur
Cientista	Vísindamaður
Clima	Veðurfar
Consequências	Afleiðingar
Crise	Kreppa
Dados	Gögn
Desenvolvimento	Þróun
Energia	Orka
Futuro	Framtíð
Gás	Gas
Gerações	Kynslóðir
Governo	Ríkisstjórn
Indústria	Iðnaður
Internacional	Alþjóðleg
Legislação	Löggjöf
Populações	Íbúa
Temperaturas	Hitastig

Arqueologia
Fornleifafræði

Análise	Greining
Anos	Ár
Antiguidade	Fornöld
Avaliação	Mat
Civilização	Siðmenning
Descendente	Afkomandi
Desconhecido	Óþekkt
Equipe	Lið
Era	Tímum
Especialista	Sérfræðingur
Esquecido	Gleymt
Fragmentos	Brot
Investigador	Rannsóknir
Mistério	Ráðgáta
Objetos	Hluti
Ossos	Bein
Professor	Prófessor
Relíquia	Minni
Templo	Temple
Túmulo	Gröf

Arte
List

Cerâmica	Keramik
Complexo	Flókið
Composição	Samsetning
Escultura	Höggmynd
Expressão	Segð
Figura	Mynd
Honesto	Heiðarlegur
Humor	Skap
Inspirado	Innblástur
Original	Originlegt
Pessoal	Persónulegt
Pinturas	Málverk
Poesia	Ljóð
Retratar	Lýsa
Simples	Einfalt
Símbolo	Tákn
Sujeito	Efni
Surrealismo	Súrrealismi
Visual	Sjónræn

Artes Visuais
Myndlist

Argila	Leir
Arquitetura	Arkitektúr
Artista	Listamaður
Caneta	Penni
Cavalete	Glæsla
Cera	Vax
Cerâmica	Keramik
Composição	Samsetningu
Criatividade	Skráningu
Escultura	Höggmynd
Estêncil	L
Filme	Kvikmynd
Fotografia	Ljósmynd
Giz	Krít
Lápis	Blýantur
Obra-Prima	Meistaraverk
Perspectiva	Sjónarhorni
Pintura	Málverk
Retrato	Portret
Verniz	Lakk

Astronomia
Stjörnufræði

Asteróide	Smástirni
Astronauta	Geimfari
Celestial	Himneti
Céu	Himinn
Constelação	Stjörnumerki
Cosmos	Cosmos
Eclipse	Myrkvi
Equinócio	Equinox
Foguete	Eldflaug
Galáxia	Galaxy
Gravidade	Þyngdarafl
Lua	Tungl
Meteoro	Loftstein
Nebulosa	Þokka
Observatório	Observatory
Planeta	Reikistjarna
Radiação	Geislun
Solar	Sól
Terra	Jörð
Universo	Alheimur

Atividades e Lazer
Starfsemi og Tómstundir

Acampamento	Útjæða
Arte	List
Basquete	Körfubolti
Beisebol	Hafnabolti
Boxe	Hnefaleikar
Caminhada	Gönguferðir
Corrida	Kappakstur
Futebol	Fótbolti
Golfe	Golf
Hobbies	Áhugamál
Jardinagem	Garðyrkja
Mergulho	Köfun
Natação	Sund
Pesca	Veiði
Pintura	Málverk
Relaxante	Afslappandi
Tênis	Tennis
Viagem	Ferðast
Voleibol	Blak

Aventura
Ævintýri

Alegria	Gleði
Amigos	Vinir
Atividade	Virkni
Beleza	Fegurð
Chance	Líkur
Desafios	Áskoranir
Destino	Áfangastaður
Dificuldade	Vandi
Entusiasmo	Eldmóð
Excursão	Skoðunarferð
Incomum	Óvenjulegt
Itinerário	Ferðaáætlun
Natureza	Náttúran
Navegação	Siglingar
Novo	Nýtt
Oportunidade	Tækifæri
Perigoso	Hættulegt
Preparação	Undirbúningur
Segurança	Öryggi
Surpreendente	Á Óvart

Aviões
Flugvélar

Altura	Hæð
Ar	Loft
Aterrissagem	Lending
Atmosfera	Stjórnmál
Aventura	Ævintýri
Balão	Blöðru
Céu	Himinn
Combustível	Eldsneyti
Construção	Smíði
Descida	Uppruna
Direção	Stefnu
Hidrogênio	Vetni
História	Saga
Inflar	Blása
Motor	Vél
Navegar	Sigla
Passageiro	Farþegi
Piloto	Flugmaður
Tripulação	Áhöfn
Turbulência	Ókyrrð

Álgebra
Algebru

Diagrama	Skýringarmynd
Equação	Jafna
Expoente	Veldisvísir
Falso	Rangt
Fator	Þáttur
Fórmula	Formúla
Fração	Brot
Infinito	Óendanlega
Linear	Línuleg
Matriz	Fylki
Número	Númer
Parêntese	Sviga
Problema	Vandamál
Quantidade	Magn
Simplificar	Einfalda
Solução	Lausn
Soma	Summa
Subtração	Frádráttur
Variável	Breyta
Zero	Núll

Balé
Ballett

Aplauso	Lófaklapp
Artístico	Listrænn
Bailarina	Ballerína
Compositor	Tónskáld
Coreografia	Kóreógraf
Dançarinos	Dansarar
Ensaio	Æfing
Estilo	Stíl
Expressivo	Svipmikill
Gesto	Látbragð
Gracioso	Tignarlegt
Habilidade	Hæfni
Intensidade	Styrkleiki
Músculos	Vöðva
Música	Tónlist
Orquestra	Hljómsveit
Público	Áhorfendur
Ritmo	Taktur
Solo	Sóló
Técnica	Tækni

Barcos
Bátar

Âncora	Akkeri
Balsa	Ferja
Bóia	Bau
Caiaque	Kajak
Canoa	Kanó
Corda	Reipi
Doca	Bryggju
Iate	Snekkju
Jangada	Fleki
Lago	Stöðuvatn
Mar	Sjó
Maré	Fjöru
Marinheiro	Sjómaður
Mastro	Mastur
Motor	Vél
Náutico	Sjómanna
Oceano	Haf
Ondas	Öldur
Rio	River
Tripulação	Áhöfn

Beleza
Fegurð

Batom	Varalitur
Cachos	Krulla
Charme	Heilla
Cor	Litur
Cosméticos	Snyrtivörur
Elegante	Glæsilegur
Elegância	Glæsileiki
Espelho	Spegill
Estilista	Stílisti
Fotogênico	Ljósmyndin
Fragrância	Ilmur
Graça	Náð
Maquiagem	Farði
Óleos	Olíur
Pele	Húð
Produtos	Vörur
Rímel	Maskara
Serviços	Þjónusta
Tesoura	Skæri
Xampu	Sjampó

Biologia
Líffræði

Anatomia	Líffærafræði
Bactérias	Bakteríur
Célula	Fruma
Colagénio	Kollagen
Cromossoma	Litning
Embrião	Fræði
Enzima	Ensím
Evolução	Þróun
Fotossíntese	Ljóstillífun
Hormona	Hormón
Mamífero	Spendýr
Mutação	Stökkbreyting
Natural	Náttúrulegt
Nervo	Taug
Neurônio	Taugafruma
Osmose	Osmósu
Proteína	Prótín
Réptil	Skriðdýr
Simbiose	Sambýli
Sinapse	Synapse

Café
Kaffi

Açúcar	Sykur
Amargo	Bitur
Aroma	Ilmur
Assado	Brennt
Água	Vatn
Bebida	Drykkur
Cafeína	Koffín
Copa	Bolli
Creme	Rjóma
Filtro	Sía
Leite	Mjólk
Líquido	Fljótandi
Manhã	Morgunn
Moer	Mala
Origem	Uppruna
Preço	Verð
Preto	Svart
Sabor	Bragð
Variedade	Fjölbreytni

Caminhada
Gönguferðir

Acampamento	Útjæða
Animais	Dýr
Água	Vatn
Botas	Stígvél
Cansado	Þreyttur
Clima	Veðurfar
Guias	Leiðsögumenn
Mapa	Kort
Montanha	Fjall
Mosquitos	Moskítóflugur
Natureza	Náttúran
Orientação	Stefnumörkun
Parques	Garður
Pedras	Steinar
Penhasco	Bjarg
Pesado	Þungt
Preparação	Undirbúningur
Selvagem	Villt
Sol	Sól
Tempo	Veður

Casa
Húsið

Biblioteca	Bókasafn
Cerca	Girðing
Chaves	Lykla
Chuveiro	Sturtu
Cortinas	Gluggatjöld
Cozinha	Eldhús
Espelho	Spegill
Garagem	Bílskúr
Janela	Gluggi
Jardim	Garður
Lareira	Arinn
Mobiliário	Húsgögn
Parede	Vegg
Porta	Hurð
Quarto	Herbergi
Sótão	Háaloftinu
Tapete	Gólfmotta
Teto	Loft
Torneira	Brann
Vassoura	Kústur

Chocolate
Súkkulaði

Açúcar	Sykur
Amargo	Bitur
Amendoins	Hnetum
Antioxidante	Andoxunarefni
Aroma	Ilmur
Artesanal	Handverk
Cacau	Kakó
Calorias	Hitaeiningar
Caramelo	Karamella
Coco	Kókoshneta
Comer	Að Borða
Delicioso	Ljúffengur
Doce	Sætur
Exótico	Framandi
Favorito	Uppáhalds
Gosto	Bragð
Ingrediente	Efni
Pó	Duft
Qualidade	Gæði
Receita	Uppskrift

Churrascos
Grillveislur

Almoço	Hádegisverður
Convite	Boð
Crianças	Börn
Facas	Hnífa
Família	Fjölskylda
Fome	Hungur
Frango	Kjúklingur
Fruta	Ávöxtur
Grelha	Grill
Jantar	Kvöldmatur
Jogos	Leikir
Legumes	Grænmeti
Molho	Sósa
Música	Tónlist
Pimenta	Pipar
Quente	Heitt
Sal	Salt
Saladas	Salöt
Tomates	Tómatar
Verão	Sumar

Cidade
Bærinn

Aeroporto	Flugvöllur
Banco	Banki
Biblioteca	Bókasafn
Cinema	Kvikmyndahús
Escola	Skóli
Estádio	Völlinn
Farmácia	Apótek
Florista	Blómabúð
Galeria	Gallerí
Hotel	Hótel
Jardim Zoológico	Dýragarður
Livraria	Bókabúð
Loja	Verslun
Mercado	Markaður
Museu	Safn
Padaria	Bakarí
Salão	Snyrtistofa
Supermercado	Matvörubúð
Teatro	Leikhús
Universidade	Háskóli

Clima
Veður

Arco-Íris	Regnbogi
Atmosfera	Stjórnmál
Brisa	Gola
Céu	Himinn
Clima	Veðurfar
Furacão	Fellibylur
Gelo	Ís
Monção	Monsún
Nevoeiro	Þóka
Nuvem	Ský
Polar	Polar
Relâmpago	Elding
Seca	Þurrkar
Seco	Þurrt
Temperatura	Hitastig
Tempestade	Stormur
Tornado	Tornado
Tropical	Tropical
Trovão	Þrumur
Vento	Vindur

Comida # 2
Matur #2

Alcachofra	Artihoke
Amêndoa	Mönlu
Arroz	Hrísgrjón
Banana	Banani
Beringela	Eggaldin
Brócolis	Spergilkál
Cereja	Kirsuber
Chocolate	Súkkulaði
Cogumelo	Sveppir
Frango	Kjúklingur
Iogurte	Jógúrt
Kiwi	Kíví
Maçã	Epli
Ovo	Egg
Peixe	Fiskur
Presunto	Skinka
Queijo	Ostur
Tomate	Tómat
Trigo	Hveiti
Uva	Vínber

Comida #1
Matur #1

Açúcar	Sykur
Alho	Hvítlaukur
Amendoim	Hnetu
Atum	Túnfiskur
Bolo	Kaka
Canela	Kanil
Cebola	Laukur
Cenoura	Gulrót
Cevada	Bygg
Damasco	Apríkósa
Espinafre	Spínat
Leite	Mjólk
Limão	Sítrónu
Manjericão	Basil
Morango	Jarðarber
Nabo	Næpa
Sal	Salt
Salada	Salat
Sopa	Súpa
Suco	Safa

Corpo Humano
Mannslíkaminn

Boca	Munnur
Cabeça	Höfuð
Cérebro	Heili
Coração	Hjarta
Cotovelo	Olnboga
Dedo	Fingur
Joelho	Hné
Mandíbula	Kjálka
Mão	Hönd
Nariz	Nef
Olho	Auga
Ombro	Öxl
Orelha	Eyra
Pele	Húð
Perna	Fótur
Pescoço	Háls
Queixo	Höku
Sangue	Blóð
Testa	Enni
Tornozelo	Ökkla

Cozinha
Eldhús

Avental	Svuntu
Chaleira	Ketill
Colheres	Skeiðar
Comer	Að Borða
Concha	Ausa
Cups	Bolla
Especiarias	Krydd
Esponja	Svampur
Facas	Hnífa
Forno	Ofn
Freezer	Frysti
Garfos	Forks
Geladeira	Ísskápur
Grelha	Grill
Guardanapo	Servíetta
Jar	Krukku
Jarro	Könnu
Pauzinhos	Pinnar
Receita	Uppskrift
Tigela	Skál

Dança
Dansa

Academia	Háskóli
Alegre	Glaður
Arte	List
Clássico	Klassíska
Coreografia	Kóreógraf
Corpo	Líkami
Cultura	Menning
Cultural	Menningar
Emoção	Tilfinning
Ensaio	Æfing
Expressivo	Svipmikill
Graça	Náð
Movimento	Samtök
Música	Tónlist
Parceiro	Félagi
Ritmo	Taktur
Saltar	Hoppa
Tradicional	Hefðbundin
Visual	Sjónræn

Dias e Meses
Dagar og Mánuðir

Abril	Apríl
Agosto	Ágúst
Ano	Ár
Calendário	Dagatal
Dezembro	Desember
Domingo	Sunnudagur
Fevereiro	Febrúar
Janeiro	Janúar
Julho	Júlí
Junho	Júní
Mês	Mánuður
Novembro	Nóvember
Outubro	Október
Quinta-Feira	Fimmtudagur
Sábado	Laugardagur
Segunda-Feira	Mánudagur
Semana	Vika
Setembro	September
Sexta-Feira	Föstudagur
Terça	Þriðjudagur

Diplomacia
Samningaviðræðum

Cidadãos	Borgarar
Comunidade	Samfélag
Conflito	Átök
Consultor	Ráðgjafi
Cooperação	Samstarf
Diplomático	Diplomatic
Discussão	Umræða
Embaixada	Sendiráð
Embaixador	Sendiherra
Ética	Siðfræði
Governo	Ríkisstjórn
Humanitário	Mannræði
Integridade	Heilindi
Justiça	Réttlæti
Línguas	Tungumál
Política	Stjórnmál
Resolução	Ályktun
Segurança	Öryggi
Solução	Lausn
Tratado	Sáttmáli

Dirigindo
Akstur

Acidente	Slys
Carro	Bíll
Combustível	Eldsneyti
Cuidado	Varúð
Estrada	Vegur
Freios	Bremsur
Garagem	Bílskúr
Gás	Gas
Licença	Leyfi
Mapa	Kort
Motocicleta	Mótorhjól
Motor	Mótor
Pedestre	Gangandi
Perigo	Hætta
Polícia	Lögreglan
Rua	Gata
Segurança	Öryggi
Transporte	Samgöngur
Tráfego	Umferð
Túnel	Göng

Disciplinas Científicas
Vísindalegum Greinum

Anatomia	Líffærafræði
Astronomia	Stjörnufræði
Biologia	Líffræði
Bioquímica	Lífefnafræði
Botânica	Grasafræði
Cinesiologia	Hreyfifræði
Ecologia	Vistfræði
Fisiologia	Lífeðlisfræði
Geologia	Jarðfræði
Imunologia	Ónæmisfræði
Linguística	Málvísindi
Mecânica	Vélfræði
Meteorologia	Veðurfræði
Mineralogia	Steindafræði
Neurologia	Taugafræði
Psicologia	Sálfræði
Química	Efnafræði
Sociologia	Félagsfræði
Termodinâmica	Varmafræði
Zoologia	Dýrafræði

Doença
Sjúkdómurinn

Abdominal	Kvið
Agudo	Bráð
Alergias	Ofnæmi
Contagioso	Smitandi
Coração	Hjarta
Corpo	Líkami
Crônica	Langvarandi
Fraco	Veik
Hereditário	Arfgengur
Imunidade	Ónæmi
Inflamação	Bólga
Lombar	Lumbar
Neuropatia	Taugakvilla
Ossos	Bein
Patógenos	Sýkla
Pulmonar	Lungum
Respiratório	Öndunarfæri
Saúde	Heilsa
Síndrome	Heilkenni
Terapia	Meðferð

Ecologia
Vistfræði

Clima	Veðurfar
Comunidades	Samfélög
Diversidade	Fjölbreytni
Espécies	Tegund
Fauna	Dýralíf
Flora	Flora
Global	Alþjóðlegt
Habitat	Búsvæði
Marinho	Sjávar
Montanhas	Fjöll
Natural	Náttúrulegt
Natureza	Náttúran
Pântano	Marsh
Plantas	Plöntur
Recursos	Auðlindir
Seca	Þurrkar
Sobrevivência	Lifun
Sustentável	Sjálfbær
Vegetação	Gróður

Edifícios
Byggingar

Apartamento	Íbúð
Cabine	Klefa
Castelo	Kastali
Celeiro	Hlöðu
Cinema	Kvikmyndahús
Embaixada	Sendiráð
Escola	Skóli
Estádio	Völlinn
Fazenda	Bær
Fábrica	Verksmiðju
Garagem	Bílskúr
Hospital	Sjúkrahús
Hotel	Hótel
Museu	Safn
Observatório	Observatory
Supermercado	Matvörubúð
Teatro	Leikhús
Tenda	Tjald
Torre	Turn
Universidade	Háskóli

Emoções
Tilfinningar

Alegria	Gleði
Amor	Ást
Animado	Spennt
Bem-Aventurança	Sæla
Bondade	Góðvild
Calmo	Logn
Conteúdo	Efni
Envergonhado	Vandræðalegur
Grato	Þakklátur
Medo	Ótti
Paz	Friður
Raiva	Reiði
Relaxado	Afslappaður
Satisfeito	Fullnægt
Simpatia	Samúð
Ternura	Eymsli
Tédio	Leiðindi
Tranquilidade	Ró
Tristeza	Sorg

Energia

Orka

Ambiente	Umhverfi
Bateria	Rafhlaða
Calor	Hita
Carbono	Kolefni
Combustível	Eldsneyti
Diesel	Dísel
Elétrico	Rafmagns
Elétron	Rafeind
Entropia	Óreiða
Fóton	Ljóseind
Gasolina	Bensín
Hidrogênio	Vetni
Indústria	Iðnaður
Motor	Mótor
Nuclear	Kjarnorku
Poluição	Mengun
Renovável	Endurnýjanleg
Sol	Sól
Turbina	Túrbína
Vento	Vindur

Engenharia

Verkfræði

Atrito	Núning
Ângulo	Horn
Cálculo	Útreikning
Construção	Smíði
Diagrama	Skýringarmynd
Diâmetro	Þvermál
Diesel	Dísel
Dimensões	Mál
Distribuição	Dreifing
Eixo	Ás
Energia	Orka
Estabilidade	Stöðugleiki
Estrutura	Bygging
Força	Styrkur
Líquido	Fljótandi
Máquina	Vél
Medição	Mæling
Motor	Mótor
Profundidade	Dýpt
Propulsão	Knýja

Especiarias

Krydd

Açafrão	Saffran
Alcaçuz	Lakkrís
Alho	Hvítlaukur
Amargo	Bitur
Anis	Anís
Azedo	Súr
Baunilha	Vanillu
Canela	Kanil
Cardamomo	Kardemommu
Caril	Karrý
Cebola	Laukur
Coentro	Kóríander
Cominho	Kúmen
Doce	Sætur
Funcho	Fennel
Gengibre	Engifer
Noz-Moscada	Múskat
Pimenta	Pipar
Sabor	Bragð
Sal	Salt

Esporte

Íþrótt

Atleta	Íþróttamaður
Capacidade	Getu
Cardiovascular	Hjarta
Ciclismo	Hjóla
Corpo	Líkami
Dançando	Dansa
Dieta	Mataræði
Esportes	Íþróttir
Força	Styrkur
Jogging	Skokk
Maximizar	Hámarka
Metabólico	Efnaskipti
Músculos	Vöðva
Nutrição	Næring
Objetivo	Markmið
Ossos	Bein
Programa	Forrit
Resistência	Þrek
Saúde	Heilsa
Treinador	Þjálfari

Ética

Siðfræði

Altruísmo	Fórnfýsi
Bondade	Góðvild
Compaixão	Samúð
Cooperação	Samstarf
Dignidade	Reisn
Diplomático	Diplomatic
Filosofia	Heimspeki
Honestidade	Heiðarleiki
Humanidade	Mannkynið
Integridade	Heilindi
Otimismo	Bjartsýni
Paciência	Þolinmæði
Racionalidade	Skynsemi
Razoável	Sanngjarnt
Realismo	Raunsæi
Respeitoso	Virðingu
Sabedoria	Viski
Tolerância	Umburðarlyndi
Valores	Gildi

Família

Fjölskylda

Antepassado	Forfaðir
Avó	Amma
Avô	Afi
Criança	Barn
Crianças	Börn
Esposa	Eiginkona
Filha	Dóttir
Gêmeos	Tvíburar
Infância	Barnæska
Irmã	Systir
Irmão	Bróðir
Marido	Eiginmaður
Materno	Móður
Mãe	Móðir
Neto	Barnabarn
Pai	Faðir
Paterno	Ingar
Sobrinho	Frændi
Tia	Frænka
Tio	Frændi

Fazenda #1
Bær #1

Abelha	Bí
Agricultura	Landbúnaður
Arroz	Hrísgrjón
Água	Vatn
Bezerro	Kálfur
Burro	Asni
Cabra	Geit
Campo	Engi
Cavalo	Hestur
Cão	Hundur
Cerca	Girðing
Corvo	Kráka
Feno	Hey
Fertilizante	Áburður
Frango	Kjúklingur
Gato	Köttur
Mel	Hunang
Porco	Svín
Rebanho	Flokkur
Vaca	Kýr

Fazenda #2
Bær #2

Agricultor	Bóndi
Animais	Dýr
Celeiro	Hlöðu
Cevada	Bygg
Colmeia	Býflugnabú
Cordeiro	Lamb
Fruta	Ávöxtur
Irrigação	Áveitu
Leite	Mjólk
Lhama	Lamadýr
Maduro	Þroskaður
Milho	Korn
Ovelha	Kind
Pastor	Hirðir
Pato	Önd
Pomar	Aldingarður
Prado	Engi
Trator	Dráttarvél
Trigo	Hveiti
Vegetal	Grænmeti

Ficção Científica
Vísindaskáldskapur

Atómico	Lotukerfinu
Cinema	Kvikmyndahús
Distante	Fjarlæg
Distopia	Dystópía
Explosão	Sprenging
Extremo	Extreme
Fantástico	Frábær
Fogo	Eldur
Galáxia	Galaxy
Ilusão	Blekking
Imaginário	Ímyndað
Livros	Bækur
Misterioso	Dularfullur
Mundo	Heimur
Oráculo	Véfrétt
Planeta	Reikistjarna
Realista	Raunhæft
Robôs	Vélmenni
Tecnologia	Tækni
Utopia	Útópía

Filantropia
Góðgerðarstarfsemi

Comunidade	Samfélag
Contatos	Tengiliði
Crianças	Börn
Desafios	Áskoranir
Doar	Gefa
Finança	Fjármál
Fundos	Fé
Generosidade	Örlæti
Global	Alþjóðlegt
Grupos	Hópa
História	Saga
Honestidade	Heiðarleiki
Humanidade	Mannkynið
Juventude	Æsku
Missão	Verkefni
Necessidade	Þörf
Objetivos	Markmið
Pessoas	Fólk
Programas	Forrit
Público	Opinber

Física
Eðlisfræði

Aceleração	Hröðun
Átomo	Atóm
Caos	Roða
Densidade	Þéttleiki
Elétron	Rafeind
Fórmula	Formúla
Frequência	Tíðni
Gás	Gas
Gravidade	Þyngdarafl
Magnetismo	Segulmagn
Massa	Messi
Mecânica	Vélfræði
Molécula	Sameind
Motor	Vél
Nuclear	Kjarnorku
Partícula	Ögn
Químico	Efni
Relatividade	Afstæði
Universal	Alhliða
Velocidade	Hraða

Flores
Blóm

Buquê	Vönd
Calêndula	Calendula
Dente-De-Leão	Fífill
Gardênia	Toga
Girassol	Sólblóm
Hibisco	Hibiscus
Jasmim	Jasmine
Lavanda	Lofnarblóm
Lilás	Líla
Lírio	Lily
Magnólia	Magnolia
Margarida	Daisy
Orquídea	Orchid
Papoula	Poppy
Peônia	Peony
Pétala	Krónublað
Plumeria	Plumeria
Rosa	Rós
Trevo	Smári
Tulipa	Túlipan

Floresta Tropical
Regnskógur

Anfíbios	Froskdýr
Botânico	Botanical
Clima	Veðurfar
Comunidade	Samfélag
Diversidade	Fjölbreytni
Espécies	Tegund
Indígena	Frumbyggja
Insetos	Skordýr
Mamíferos	Spendýr
Musgo	Moss
Natureza	Náttúran
Nuvens	Ský
Pássaros	Fuglar
Preservação	Varðveislu
Refúgio	Athvarf
Respeito	Virðing
Restauração	Endurreisn
Selva	Frumskógur
Sobrevivência	Lifun
Valioso	Dýrmætur

Força e Gravidade
Kraftur og Þyngdarafl

Atrito	Núning
Centro	Miðja
Descoberta	Uppgötvun
Dinâmico	Kvik
Distância	Fjarlægð
Eixo	Ás
Expansão	Stækkun
Física	Eðlisfræði
Impacto	Áhrif
Magnetismo	Segulmagn
Magnitude	Stærð
Mecânica	Vélfræði
Movimento	Hreyfing
Órbita	Sporbraut
Peso	Þyngd
Pressão	Þrýstingur
Propriedades	Eignir
Rapidez	Hraði
Tempo	Tími
Universal	Alhliða

Frutas
Ávextir

Abacate	Avókadó
Abacaxi	Ananas
Amora	Brómber
Baga	Ber
Banana	Banani
Cereja	Kirsuber
Coco	Kókoshneta
Damasco	Apríkósa
Figo	Mynd
Framboesa	Hindberjum
Kiwi	Kíví
Laranja	Appelsína
Limão	Sítrónu
Maçã	Epli
Mamão	Papaya
Manga	Mangó
Nectarina	Nectarine
Pera	Pera
Pêssego	Ferskja
Uva	Vínber

Geografia
Landafræði

Altitude	Hæð
Atlas	Atlas
Cidade	Borg
Continente	Álfunni
Hemisfério	Jarðar
Ilha	Eyja
Latitude	Breidd
Mapa	Kort
Mar	Sjó
Meridiano	Meridian
Montanha	Fjall
Mundo	Heimur
Norte	Norður
Oceano	Haf
Oeste	Vestur
País	Land
Região	Svæði
Rio	River
Sul	Suður
Território	Yfirráðasvæði

Geologia
Jarðfræði

Ácido	Sýra
Camada	Lag
Caverna	Helli
Cálcio	Kalsíum
Ciclos	Hringrás
Continente	Álfunni
Coral	Kórall
Cristais	Kristallar
Erosão	Rof
Estalactite	Stalactite
Estalagmites	Stalagmites
Lava	Hraun
Minerais	Steinefni
Pedra	Steinn
Platô	Hálendi
Quartzo	Kvars
Sal	Salt
Terremoto	Jarðskjálfti
Vulcão	Eldfjall
Zona	Svæði

Geometria
Rúmfræði

Altura	Hæð
Ângulo	Horn
Cálculo	Útreikning
Círculo	Hring
Curva	Ferill
Diâmetro	Þvermál
Dimensão	Vídd
Equação	Jafna
Horizontal	Lárétt
Lógica	Rökfræði
Massa	Messi
Mediana	Miðgildi
Paralelo	Samhliða
Proporção	Hlutfall
Segmento	Hluti
Simetria	Samhverfu
Superfície	Yfirborð
Teoria	Kenning
Triângulo	Þríhyrningur
Vertical	Lóðrétt

Governo
Ríkisstjórn

Civil	Borgaraleg
Constituição	Stjórnarskrá
Democracia	Lýðræði
Discurso	Ræðu
Discussão	Umræða
Distrito	Umdæmi
Estado	Ríki
Igualdade	Jafnrétti
Independência	Sjálfstæði
Judicial	Dóms
Justiça	Réttlæti
Lei	Lög
Liberdade	Frelsi
Líder	Leiðtogi
Monumento	Minnismerki
Nacional	Þjóðlegur
Nação	Þjóð
Pacífico	Friðsælt
Política	Stjórnmál
Símbolo	Tákn

Herbalismo
Grasalækningar

Açafrão	Saffran
Alecrim	Rósmarín
Alho	Hvítlaukur
Aromático	Ilmandi
Benéfico	Gagnleg
Coentro	Kóríander
Estragão	Estragon
Flor	Blóm
Funcho	Fennel
Ingrediente	Efni
Jardim	Garður
Lavanda	Lofnarblóm
Manjericão	Basil
Manjerona	Marjoram
Planta	Planta
Qualidade	Gæði
Sabor	Bragð
Salsa	Steinselja
Tomilho	Timjan
Verde	Grænt

Instrumentos Musicais
Hljóðfæri

Bandolim	Mandólín
Banjo	Banjó
Clarinete	Klarinett
Fagote	Fagott
Flauta	Flautu
Gaita	Munnhörpu
Gongo	Gong
Harpa	Harpa
Marimba	Marimba
Oboé	Óbó
Pandeiro	Bumbur
Percussão	Slagverk
Piano	Píanó
Saxofone	Saxófón
Tambor	Tromma
Trombone	Básúna
Trompete	Trompet
Violão	Gítar
Violino	Fiðlu
Violoncelo	Selló

Jardim
Garðinum

Ancinho	Hrífa
Arbusto	Bush
Árvore	Tré
Banco	Bekkur
Cerca	Girðing
Ervas Daninhas	Illgresi
Flor	Blóm
Garagem	Bílskúr
Grama	Gras
Gramado	Grasflöt
Jardim	Garður
Lagoa	Tjörn
Maca	Hengirúm
Mangueira	Slönguna
Pá	Moka
Pomar	Aldingarður
Solo	Jarðvegur
Terraço	Verönd
Trampolim	Trampólín
Videira	Vínviður

Jardinagem
Garðyrkja

Água	Vatn
Botânico	Botanical
Buquê	Vönd
Clima	Veðurfar
Comestível	Ætur
Composto	Molta
Espécies	Tegund
Exótico	Framandi
Flor	Blómstra
Floral	Blóma
Folha	Lauf
Folhagem	Sm
Mangueira	Slönguna
Pomar	Aldingarður
Recipiente	Ílát
Sazonal	Opin
Sementes	Fræ
Solo	Jarðvegur
Sujeira	Óhreinindi
Umidade	Raki

Jazz
Djass

Artista	Listamaður
Álbum	Plötu
Bateria	Trommur
Canção	Lag
Composição	Samsetning
Compositor	Tónskáld
Concerto	Tónleikar
Estilo	Stíl
Ênfase	Áhersla
Famoso	Frægur
Favoritos	Eftirlæti
Gênero	Tegund
Improvisação	Spuni
Música	Tónlist
Novo	Nýtt
Orquestra	Hljómsveit
Ritmo	Taktur
Talento	Hæfileiki
Técnica	Tækni
Velho	Gamall

Literatura
Bókmenntir

Analogia	Líkingar
Análise	Greining
Anedota	E.
Autor	Höfundur
Biografia	Ævisaga
Comparação	Samanburður
Conclusão	Niðurstaða
Descrição	Lýsing
Diálogo	Umræðu
Estilo	Stíl
Ficção	Skáldskapur
Metáfora	Myndlíking
Narrador	Sögumaður
Opinião	Álit
Poema	Ljóð
Rima	Rím
Ritmo	Taktur
Romance	Skáldsaga
Tema	Þema
Tragédia	Harmleikur

Livros
Bækur

Autor	Höfundur
Aventura	Ævintýri
Coleção	Safn
Contexto	Samhengi
Dualidade	Tvíeðli
Escrito	Skrifað
Épico	Epic
História	Saga
Histórico	Sögulegt
Inventivo	Frumleg
Leitor	Lesandi
Literário	Bókmennta
Narrador	Sögumaður
Palavras	Orð
Página	Síða
Poesia	Ljóð
Relevante	Viðeigandi
Romance	Skáldsaga
Série	Röð
Trágico	Hörmulega

Mamíferos
Spendýr

Baleia	Hvalur
Camelo	Úlfalda
Canguru	Kengúra
Castor	Beaver
Cavalo	Hestur
Cão	Hundur
Coelho	Kanína
Coiote	Sléttuúlfur
Elefante	Fíl
Gato	Köttur
Girafa	Gíraffi
Golfinho	Höfrungur
Gorila	Górilla
Leão	Ljón
Lobo	Úlfur
Macaco	Api
Ovelha	Kind
Raposa	Refur
Touro	Naut
Zebra	Zebra

Matemática
Stærðfræði

Aritmética	Tölur
Ângulos	Horn
Circunferência	Ummál
Decimal	Aukastaf
Diâmetro	Þvermál
Equação	Jafna
Expoente	Veldisvísir
Fração	Brot
Geometria	Rúmfræði
Paralelo	Samhliða
Paralelogramo	Hjálíðalogram
Perímetro	Jaðar
Polígono	Marghyrning
Quadrado	Ferningur
Raio	Radíus
Retângulo	Rétthyrningur
Simetria	Samhverfu
Soma	Summa
Triângulo	Þríhyrningur
Volume	Bindi

Material de Arte
List Vistir

Acrílico	Akrýl
Apagador	Strokleður
Aquarelas	Vatnslitir
Argila	Leir
Água	Vatn
Cadeira	Stól
Carvão	Kol
Cavalete	Glæsla
Câmera	Myndavél
Cola	Lím
Cores	Liti
Criatividade	Sköpun
Escovas	Burstar
Lápis	Blýantar
Mesa	Borð
Óleo	Olía
Papel	Pappír
Pastels	Pastellitir
Tinta	Blek
Tintas	Málningu

Medições
Mælingar

Altura	Hæð
Byte	Bæti
Centímetro	Sentimetr
Comprimento	Lengd
Decimal	Aukastaf
Grama	Gramm
Grau	Gráða
Largura	Breidd
Litro	Lítri
Massa	Messi
Metro	Mælir
Minuto	Mínúta
Onça	Únsa
Peso	Þyngd
Polegada	Tommu
Profundidade	Dýpt
Quilograma	Kíló
Quilômetro	Kílómetra
Tonelada	Tonn
Volume	Bindi

Meditação
Hugleiðsla

Aceitação	Samþykki
Acordado	Vakandi
Atenção	Athygli
Bondade	Góðvild
Clareza	Skýrleiki
Compaixão	Samúð
Emoções	Tilfinningar
Ensinamentos	Kenningar
Gratidão	Þakklæti
Hábitos	Venja
Mental	Andlegt
Mente	Huga
Movimento	Samtök
Música	Tónlist
Natureza	Náttúran
Observação	Athugun
Paz	Friður
Pensamentos	Hugsanir
Perspectiva	Sjónarhorni
Silêncio	Þögn

Mitologia
Goðafræði

Arquétipo	Arketype
Ciúmes	Öfund
Comportamento	Hegðun
Criação	Sköpun
Criatura	Skepna
Cultura	Menning
Desastre	Hörmung
Força	Styrkur
Guerreiro	Stríðsmaður
Herói	Hetja
Imortalidade	Ódauðleika
Labirinto	Völundarhús
Lenda	Þjóðsaga
Mágico	Töfrandi
Monstro	Skrímsli
Mortal	Dauðleg
Relâmpago	Elding
Triunfante	Sigursæll
Trovão	Þrumur
Vingança	Hefnd

Moda
Tíska

Acessível	Hagkvæm
Bordado	Útsaumur
Botões	Hnappa
Boutique	Boutique
Caro	Dýr
Confortável	Þægilegt
Elegante	Glæsilegur
Estilo	Stíl
Medidas	Mælingar
Minimalista	Lægstur
Moderno	Nútíma
Modesto	Hógvær
Original	Originlegt
Prático	Hagnýt
Renda	Reima
Roupa	Fatnað
Simples	Einfalt
Tecido	Efni
Tendência	Stefna
Textura	Áferð

Música
Tónlist

Álbum	Plötu
Balada	Ballaða
Cantar	Syngja
Cantor	Söngvari
Clássico	Klassíska
Coro	Kór
Gravação	Upptaka
Harmonia	Sátt
Harmônico	Samhljómur
Improvisar	Spinna
Instrumento	Hljóðfæri
Melodia	Lag
Microfone	Hljóðnemi
Musical	Söngleikur
Ópera	Ópera
Poético	Ljóðræn
Ritmo	Taktur
Rítmico	Takt
Vocal	Söngvara

Natureza
Náttúran

Abelhas	Býflugur
Abrigo	Skjól
Animais	Dýr
Ártico	Arktískur
Beleza	Fegurð
Deserto	Eyðimörk
Dinâmico	Kvik
Erosão	Rof
Floresta	Skógur
Folhagem	Sm
Geleira	Jökull
Nevoeiro	Þoka
Nuvens	Ský
Pacífico	Friðsælt
Rio	River
Santuário	Helgidómur
Selvagem	Villt
Sereno	Serene
Tropical	Tropical
Vital	Líflegt

Negócios
Viðskipti

Carreira	Feril
Custo	Kostnaður
Desconto	Afsláttur
Dinheiro	Peningar
Economia	Hagfræði
Empregado	Starfsmaður
Empregador	Vinnuveitandi
Empresa	Fyrirtæki
Escritório	Skrifstofa
Fábrica	Verksmiðju
Finança	Fjármál
Impostos	Skattar
Investimento	Fjárfesting
Loja	Búð
Lucro	Hagnaður
Mercadoria	Varningi
Moeda	Mynt
Rendimento	Tekjur
Transação	Viðskipti
Venda	Sölu

Nutrição
Næringu

Amargo	Bitur
Apetite	Matarlyst
Calorias	Hitaeiningar
Carboidratos	Kolvetni
Comestível	Ætur
Dieta	Mataræði
Digestão	Melting
Equilibrado	Rólegur
Fermentação	Gerjun
Líquidos	Vökva
Molho	Sósa
Nutriente	Næringarefni
Peso	Þyngd
Proteínas	Prótein
Qualidade	Gæði
Sabor	Bragð
Saudável	Heilbrigður
Saúde	Heilsa
Toxina	Eiturefni
Vitamina	Vítamín

Números
Tölur

Cinco	Fimm
Decimal	Aukastaf
Dez	Tíu
Dezesseis	Sextán
Dezessete	Sautján
Dezoito	Átján
Dois	Tveir
Doze	Tólf
Nove	Níu
Oito	Átta
Quatorze	Fjórtán
Quatro	Fjórir
Quinze	Fimmtán
Seis	Sex
Sete	Sjö
Treze	Þrettán
Três	Þrír
Um	Einn
Vinte	Tuttugu
Zero	Núll

Oceano
Haf

Alga	Þörunga
Atum	Túnfiskur
Baleia	Hvalur
Barco	Bátur
Camarão	Rækja
Caranguejo	Krabbi
Coral	Kórall
Enguia	Áll
Esponja	Svampur
Golfinho	Höfrungur
Marés	Sjávarföll
Medusa	Marglytta
Ostra	Ostra
Peixe	Fiskur
Polvo	Kolkrabbi
Recife	Rif
Sal	Salt
Tartaruga	Skjaldbaka
Tempestade	Stormur
Tubarão	Hákarl

Paisagens
Landslag

Cascata	Foss
Caverna	Helli
Colina	Hæð
Deserto	Eyðimörk
Geleira	Jökull
Golfo	Flói
Iceberg	Ísberg
Ilha	Eyja
Lago	Stöðuvatn
Mar	Sjó
Montanha	Fjall
Oásis	Vin
Oceano	Haf
Pântano	Mýri
Península	Skagi
Praia	Fjara
Rio	River
Tundra	Tundra
Vale	Dalur
Vulcão	Eldfjall

Países #1
Löndum #1

Alemanha	Þýskaland
Brasil	Brasilía
Camboja	Kambódía
Canadá	Kanada
Egito	Egyptaland
Equador	Ekvador
Espanha	Spánn
Finlândia	Finnland
Iraque	Írak
Israel	Ísrael
Itália	Ítalía
Índia	Indland
Mali	Malí
Marrocos	Marokkó
Nicarágua	Níkaragva
Noruega	Noregur
Panamá	Panama
Polônia	Pólland
Senegal	Senegal
Venezuela	Venesúela

Países #2
Löndum #2

Albânia	Albanía
Dinamarca	Danmörk
França	Frakkland
Grécia	Grikkland
Haiti	Haítí
Indonésia	Indónesía
Irlanda	Írland
Jamaica	Jamaíka
Japão	Japan
Laos	Laos
Líbano	Líbanon
México	Mexíkó
Nepal	Nepal
Nigéria	Nígería
Paquistão	Pakistan
Rússia	Rússland
Síria	Sýrland
Somália	Sómalía
Ucrânia	Úkraína
Uganda	Úganda

Pássaros
Fuglar

Avestruz	Strútur
Águia	Örn
Canário	Kanarífugl
Cegonha	Storkur
Cisne	Svanur
Corvo	Kráka
Cuco	Gaukur
Flamingo	Flamingo
Frango	Kjúklingur
Gaivota	Máfur
Ganso	Gæs
Garça	Heron
Ovo	Egg
Papagaio	Páfagaukur
Pardal	Sparrow
Pato	Önd
Pavão	Peacock
Pelicano	Pelican
Pinguim	Mörgæs
Tucano	Toucan

Pesca
Veiðar

Água	Vatn
Barbatanas	Uggar
Barco	Bátur
Brânquias	Tálkn
Cesta	Karfa
Cozinhar	Elda
Equipamento	Búnaður
Exagero	Ýkjur
Fio	Vír
Gancho	Krókur
Isca	Beita
Lago	Stöðuvatn
Mandíbula	Kjálka
Oceano	Haf
Paciência	Þolinmæði
Peso	Þyngd
Praia	Fjara
Rio	River
Temporada	Árstíð

Plantas
Plöntur

Arbusto	Bush
Árvore	Tré
Baga	Ber
Bambu	Bambus
Botânica	Grasafræði
Cacto	Kaktus
Erva	Jurt
Feijão	Baun
Fertilizante	Áburður
Flor	Blóm
Flora	Flora
Floresta	Skógur
Folhagem	Sm
Grama	Gras
Hera	Ivy
Jardim	Garður
Musgo	Moss
Pétala	Krónublað
Raiz	Rót
Vegetação	Gróður

Profissões #1
Störfum #1

Advogado	Lögmaður
Alfaiate	Klæðskeri
Artista	Listamaður
Atleta	Íþróttamaður
Banqueiro	Bankastjóri
Caçador	Veiðimaður
Cientista	Vísindamaður
Contador	Endurskoðandi
Dançarino	Dansari
Doutor	Læknir
Editor	Ritstjóri
Embaixador	Sendiherra
Geólogo	Jarðfræðingur
Joalheiro	Skartgripir
Marinheiro	Sjómaður
Mecânico	Vélvirki
Pianista	Píanóleikari
Psicólogo	Sálfræðingur
Treinador	Þjálfari
Veterinário	Dýralæknir

Profissões #2
Störfum #2

Agricultor	Bóndi
Astronauta	Geimfari
Biólogo	Líffræðingur
Cirurgião	Skurðlæknir
Dentista	Tannlækni
Detetive	Einkaspæjara
Editor	Útgefandi
Engenheiro	Verkfræðingur
Filósofo	Heimspekingur
Fotógrafo	Ljósmyndari
Ilustrador	Teiknari
Investigador	Rannsóknir
Jornalista	Blaðamaður
Médico	Lækni
Piloto	Flugmaður
Pintor	Málari
Professor	Kennari
Químico	Efnafræðingur
Zoólogo	Dýrafræðingur

Química
Efnafræði

Alcalino	Súr
Ácido	Sýra
Calor	Hita
Carbono	Kolefni
Catalisador	Hvati
Cloro	Klór
Elementos	Þætti
Elétron	Rafeind
Enzima	Ensím
Gás	Gas
Hidrogênio	Vetni
Íon	Jón
Líquido	Fljótandi
Molécula	Sameind
Nuclear	Kjarnorku
Orgânico	Lífrænt
Oxigénio	Súrefni
Peso	Þyngd
Sal	Salt
Temperatura	Hitastig

Restaurante # 2
Veitingastaður #2

Almoço	Hádegisverður
Aperitivo	Forréttur
Água	Vatn
Bebida	Drykkur
Bolo	Kaka
Cadeira	Stól
Colher	Skeið
Delicioso	Ljúffengur
Especiarias	Krydd
Fruta	Ávöxtur
Garçom	Þjónn
Garfo	Gaffal
Gelo	Ís
Jantar	Kvöldmatur
Legumes	Grænmeti
Macarrão	Núðlur
Peixe	Fiskur
Sal	Salt
Salada	Salat
Sopa	Súpa

Roupas
Fötin

Avental	Svuntu
Blusa	Blússa
Calça	Buxur
Camisa	Skyrta
Casaco	Kápu
Chapéu	Hattur
Cinto	Belti
Colar	Hálsmen
Jaqueta	Jakki
Jeans	Gallabuxur
Luvas	Hanska
Meias	Sokkar
Moda	Tíska
Pijama	Náttföt
Pulseira	Armband
Saia	Pils
Sandálias	Skó
Sapato	Skór
Suéter	Peysa
Vestido	Kjóll

Saúde e Bem-Estar #1
Heilsufar og Vellíðan #1

Alongamento	Teygja
Altura	Hæð
Ativo	Virkur
Bactérias	Bakteríur
Doutor	Læknir
Farmácia	Apótek
Fome	Hungur
Fratura	Beinbrot
Hábito	Venja
Hormones	Hormón
Medicina	Lyf
Músculos	Vöðva
Nervos	Taugar
Ossos	Bein
Pele	Húð
Reflexo	Viðbragð
Relaxamento	Slökun
Suplementos	Fæðubótarefni
Tratamento	Meðferð
Vírus	Veira

Saúde e Bem-Estar #2
Heilsufar og Vellíðan #2

Alergia	Ofnæmi
Anatomia	Líffærafræði
Apetite	Matarlyst
Caloria	Kaloría
Corpo	Líkami
Dieta	Mataræði
Digestão	Melting
Doença	Sjúkdómur
Energia	Orka
Genética	Erfðafræði
Higiene	Hreinlæti
Hospital	Sjúkrahús
Humor	Skap
Infecção	Smitun
Massagem	Nudd
Peso	Þyngd
Recuperação	Bata
Sangue	Blóð
Saudável	Heilbrigður
Vitamina	Vítamín

Tempo
Tíminn

Agora	Núna
Ano	Ár
Antes	Áður
Anual	Árlega
Calendário	Dagatal
Década	Áratugur
Dia	Dagur
Futuro	Framtíð
Hoje	Í Dag
Hora	Klukkustund
Manhã	Morgunn
Meio-Dia	Hádegi
Mês	Mánuður
Minuto	Mínúta
Momento	Augnablik
Noite	Nótt
Ontem	Í Gær
Relógio	Klukka
Semana	Vika
Século	Öld

Tipos de Cabelo
Hárið Tegundir

Branco	Hvítur
Brilhante	Glansandi
Cachos	Krulla
Careca	Sköllóttur
Cinza	Grár
Colori	Litað
Curto	Stutt
Encaracolado	Hrokkið
Fino	Þunnur
Grosso	Þykkur
Loiro	Ljóshærður
Longo	Langt
Marrom	Brúnt
Prata	Silfur
Preto	Svart
Saudável	Heilbrigður
Seco	Þurr
Suave	Mjúkur
Trançado	Fléttum
Tranças	Fléttur

Universo
Alheimurinn

Asteróide	Smástirni
Astronomia	Stjörnufræði
Atmosfera	Stjórnmál
Celestial	Himneti
Céu	Himinn
Cósmico	Cosmic
Eon	Eon
Equador	Miðbaugur
Galáxia	Galaxy
Hemisfério	Jarðar
Inclinar	Halla
Latitude	Breidd
Longitude	Lengdargráðu
Lua	Tungl
Órbita	Sporbraut
Solar	Sól
Solstício	Sólstöður
Telescópio	Sjónauki
Visível	Sýnlegt
Zodíaco	Dýrir

Vegetais
Grænmeti

Abóbora	Grasker
Aipo	Sellerí
Alcachofra	Artihoke
Alho	Hvítlaukur
Batata	Kartöflu
Beringela	Eggaldin
Brócolis	Spergilkál
Cebola	Laukur
Cenoura	Gulrót
Chalota	Skalottlaukur
Cogumelo	Sveppir
Ervilha	Pea
Espinafre	Spínat
Gengibre	Engifer
Nabo	Næpa
Pepino	Gúrku
Rabanete	Ræðja
Salada	Salat
Salsa	Steinselja
Tomate	Tómat

Veículos
Ökutæki

Ambulância	Sjúkrabíll
Avião	Flugvél
Balsa	Ferja
Barco	Bátur
Bicicleta	Reiðhjól
Caminhão	Vörubíll
Caravana	Hjólhýsi
Carro	Bíll
Foguete	Eldflaug
Furgão	Van
Helicóptero	Þyrla
Jangada	Fleki
Lambreta	Vespu
Motor	Mótor
Ônibus	Rútu
Pneus	Dekk
Submarino	Kafbátur
Táxi	Taxi
Transporte	Skutla
Trator	Dráttarvél

Xadrez
Skák

Aprender	Að Læra
Branco	Hvítur
Campeão	Meistari
Concurso	Keppni
Desafios	Áskoranir
Diagonal	Ská
Estratégia	Stefnu
Jogador	Leikmaður
Jogo	Leikur
Oponente	Mótmælandi
Passivo	Aðgerðalaus
Pontos	Stig
Preto	Svart
Rainha	Drottning
Regras	Reglur
Rei	Konungur
Sacrifício	Fórn
Tempo	Tími
Torneio	Mót

Parabéns

Conseguiu!

Esperamos que tenha gostado tanto deste livro como nós gostamos de o desenhar. Esforçamo-nos por criar livros da mais alta qualidade possível.
Esta edição foi concebida para proporcionar uma aprendizagem inteligente, de qualidade e divertida!

Gostou deste livro?

Um simples pedido

Estes livros existem graças às críticas que publica.
Pode ajudar-nos, deixando agora uma revisão?

Aqui está um pequeno link para
a sua página de revisão:

BestBooksActivity.com/Avaliacoes50

DESAFIO FINAL!

Desafio n° 1

Está pronto para o seu jogo grátis? Usamo-los a toda a hora, mas não são tão fáceis de encontrar - aqui estão os **Sinônimos**!
Escreva 5 palavras que encontrou nos puzzles (n° 21, n° 36, n° 76) e tente encontrar 2 sinónimos para cada palavra.

*Escreva 5 palavras de **Puzzle 21***

Palavras	Sinônimo 1	Sinônimo 2

*Escreva 5 palavras de **Puzzle 36***

Palavras	Sinônimo 1	Sinônimo 2

*Escreva 5 palavras de **Puzzle 76***

Palavras	Sinônimo 1	Sinônimo 2

Desafio n° 2

Agora que já aqueceu, escreva 5 palavras que encontrou nos Puzzles (n° 9, n° 17 e n° 25) e tente encontrar 2 antônimos para cada palavra. Quantos se podem encontrar em 20 minutos?

*Escreva 5 palavras de **Puzzle 9***

Palavras	Antônimo 1	Antônimo 2

*Escreva 5 palavras de **Puzzle 17***

Palavras	Antônimo 1	Antônimo 2

*Escreva 5 palavras de **Puzzle 25***

Palavras	Antônimo 1	Antônimo 2

Desafio n° 3

Óptimo! Este desafio final 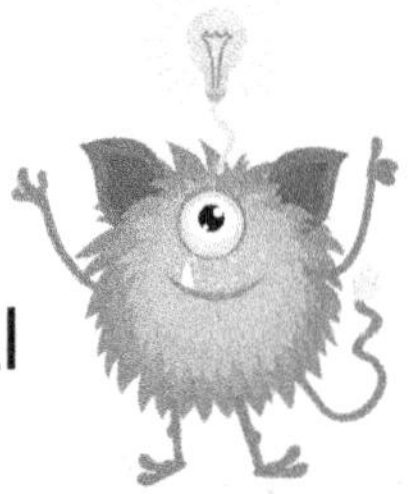 não é nada para si.

Pronto para o desafio final? Escolha 10 palavras que tenha descoberto nos diferentes puzzles e escreva-as abaixo.

1.	6.
2.	7.
3.	8.
4.	9.
5.	10.

Agora escreva um texto a pensar numa pessoa, num animal ou num lugar de seu agrado.

Pode utilizar a última página deste livro como um rascunho.

A Sua Composição:

CADERNO DE NOTAS:

ATÉ BREVE!

A equipa Inteira

www.ingramcontent.com/pod-product-compliance
Lightning Source LLC
Chambersburg PA
CBHW082216120626
46553CB00010B/3165
9798896702566